Cómo convertirte en Desarrollador Backend: la guía completa

Miguel Paredes

DEDICATORIA

Este libro está dedicado a todas aquellas personas que buscan transformar su pasión por la tecnología en una carrera significativa. A los autodidactas, soñadores y trabajadores incansables que creen en su capacidad para aprender, adaptarse y crear. Que este camino hacia el desarrollo full stack sea el comienzo de algo extraordinario.

AGRADECIMIENTOS

Quiero expresar mi profunda gratitud a todas las personas que hicieron posible la realización de este libro. A mis colegas y amigos en la industria del desarrollo de software, quienes compartieron su experiencia y conocimientos, inspirando muchas de las ideas y conceptos que he plasmado aquí.

A mi familia, que siempre me ha apoyado incondicionalmente en cada paso de mi carrera. Su paciencia y motivación han sido un pilar fundamental en este proyecto.

A la comunidad de desarrolladores, cuyas preguntas, proyectos y colaboraciones han sido una fuente constante de aprendizaje y desafíos que me han permitido crecer profesionalmente.

Finalmente, agradezco a los lectores de este libro. Su curiosidad y deseo de aprender son la razón principal para crear este recurso.

Introducción al Desarrollo Backend

El desarrollo backend es uno de los pilares fundamentales en la creación de aplicaciones y sitios web modernos. Aunque muchas veces queda en segundo plano frente al desarrollo frontend, que es lo que los usuarios ven y con lo que interactúan directamente, el backend es el motor que hace funcionar toda la lógica detrás de una aplicación. Desde la gestión de bases de datos hasta la autenticación de usuarios y la comunicación con otros servicios, el backend es esencial para garantizar que todo funcione de manera fluida y segura.

Cuando hablamos de desarrollo backend, nos referimos al conjunto de tecnologías, lenguajes de programación y metodologías que permiten la creación y mantenimiento de la parte "invisible" de una aplicación. A diferencia del frontend, que se ocupa de la interfaz de usuario, el backend se enfoca en la lógica del negocio, el procesamiento de datos y la comunicación entre el servidor y el cliente. El backend actúa como un puente entre la interfaz de usuario y la base de datos, asegurando que la información fluya correctamente y que las operaciones se realicen de forma eficiente.

Uno de los aspectos más importantes del desarrollo backend es la elección del lenguaje de programación. Existen múltiples opciones, como Python, Java, JavaScript (con Node.js), Ruby, PHP y Go, entre otros. Cada uno de estos lenguajes tiene sus propias ventajas y desventajas, y la elección dependerá del tipo de proyecto, la experiencia del equipo de desarrollo y otros factores como el rendimiento y la escalabilidad. Por ejemplo, Python es conocido por su simplicidad y legibilidad, lo que lo hace ideal para principiantes, mientras que Java es altamente robusto y utilizado en aplicaciones empresariales de gran escala.

Además del lenguaje de programación, el desarrollo backend también implica trabajar con bases de datos. Estas pueden ser relacionales, como MySQL, PostgreSQL o SQL Server, o no relacionales, como MongoDB o Redis. Las bases de datos relacionales utilizan tablas y relaciones entre ellas para organizar la información, mientras que las no relacionales suelen ser más flexibles y escalables, utilizando estructuras como documentos o pares clave-valor. El conocimiento profundo de cómo estructurar y optimizar consultas a estas bases de datos es esencial para cualquier desarrollador backend.

Otro componente clave del desarrollo backend es la creación de APIs (Interfaces de Programación de Aplicaciones). Las APIs permiten que diferentes aplicaciones se comuniquen entre sí, facilitando la integración de servicios y la ampliación de funcionalidades. Las APIs RESTful, que utilizan el protocolo HTTP para la comunicación, son las más comunes, aunque también existen otras alternativas como GraphQL o gRPC. Un buen diseño de API no solo facilita el desarrollo y mantenimiento del software, sino que también mejora la experiencia de los desarrolladores que interactúan con ella.

La seguridad es otro aspecto crucial en el desarrollo backend. Dado que el backend maneja datos sensibles, como información personal de los usuarios o detalles de transacciones financieras, es fundamental implementar medidas de seguridad robustas. Esto incluye la autenticación y autorización de usuarios, el cifrado de datos, la validación de entradas para prevenir ataques como la inyección SQL, y la protección contra vulnerabilidades comunes como Cross-Site Scripting (XSS) y Cross-Site Request Forgery (CSRF).

El desarrollo backend no se limita únicamente a escribir código; también incluye la configuración y administración de servidores. Esto puede implicar el uso de servidores físicos, pero en la actualidad es más común trabajar con servicios en la nube como AWS, Azure o Google Cloud. Estas plataformas ofrecen una amplia gama de herramientas y servicios que facilitan el despliegue, escalado y monitoreo de aplicaciones backend. Además, el uso de contenedores como Docker y herramientas de orquestación como Kubernetes ha revolucionado la manera en que se gestionan las aplicaciones en entornos de producción.

Otro concepto fundamental en el desarrollo backend es la arquitectura de software. Existen diferentes enfoques, como la arquitectura monolítica, donde toda la aplicación se desarrolla como una única unidad, y la arquitectura de microservicios, que divide la aplicación en servicios independientes que se comunican entre sí. Cada enfoque tiene sus ventajas y desafíos, y la elección dependerá de factores como la complejidad del proyecto, la necesidad de escalabilidad y la estructura del equipo de desarrollo.

La eficiencia y el rendimiento son aspectos que no pueden pasarse por alto en el desarrollo backend. Una aplicación lenta o ineficiente puede afectar negativamente la experiencia del usuario y, en última instancia, el éxito del producto. Por ello, es importante implementar técnicas de optimización, como el uso de cachés, la optimización de consultas a la base de datos y la reducción de la latencia en las comunicaciones. Además, es fundamental realizar pruebas de rendimiento y monitorear constantemente la aplicación para identificar y resolver posibles cuellos de botella.

El trabajo en equipo también juega un papel importante en el desarrollo backend. Los desarrolladores backend suelen colaborar estrechamente con los desarrolladores frontend, diseñadores, administradores de sistemas y otros miembros del equipo para garantizar que la aplicación funcione de manera coherente y eficiente. La comunicación clara y la documentación adecuada son esenciales para facilitar esta colaboración y evitar malentendidos que puedan afectar el desarrollo del proyecto.

El aprendizaje continuo es otro aspecto esencial para cualquier desarrollador backend. La tecnología evoluciona rápidamente, y es importante mantenerse al día con las nuevas herramientas, lenguajes y metodologías. Participar en comunidades de desarrolladores, asistir a conferencias y talleres, y explorar proyectos de código abierto son excelentes maneras de mantenerse actualizado y seguir creciendo como profesional.

En resumen, el desarrollo backend es una disciplina compleja y multifacética que requiere una combinación de habilidades técnicas, pensamiento lógico y capacidad de resolución de problemas. Desde la elección del lenguaje de programación y la gestión de bases de datos hasta la implementación de APIs y la configuración de servidores, cada aspecto del desarrollo backend contribuye al funcionamiento eficiente y seguro de una aplicación. Convertirse en un desarrollador backend exitoso implica no solo dominar estas habilidades técnicas, sino también desarrollar una mentalidad orientada a la mejora continua y la colaboración.

Herramientas esenciales para un backend developer

Convertirse en un desarrollador backend exitoso no solo requiere comprender los conceptos fundamentales de la programación y la arquitectura de software, sino también dominar una serie de herramientas que facilitan el desarrollo, la prueba, el despliegue y el mantenimiento de aplicaciones robustas y escalables. Estas herramientas no solo mejoran la productividad, sino que también aseguran que el código sea eficiente, seguro y fácil de mantener. A continuación, exploraremos las herramientas esenciales que todo backend developer debe conocer y utilizar en su día a día.

En primer lugar, el entorno de desarrollo integrado (IDE) o el editor de texto es fundamental. Herramientas como Visual Studio Code, IntelliJ IDEA, Sublime Text y Atom son populares entre los desarrolladores backend. Estas aplicaciones ofrecen características como el resaltado de sintaxis, la autocompletación de código, la integración con sistemas de control de versiones y depuradores incorporados. Visual Studio Code, por ejemplo, se ha convertido en el favorito de muchos gracias a su ligereza, su amplia gama de extensiones y su soporte para múltiples lenguajes de programación como JavaScript, Python, Java, y más.

El sistema de control de versiones, especialmente Git, es otra herramienta indispensable. Git permite a los desarrolladores rastrear y gestionar cambios en el código fuente a lo largo del tiempo. Con plataformas como GitHub, GitLab y Bitbucket, los equipos pueden colaborar en proyectos de manera eficiente, gestionar ramas de desarrollo, realizar revisiones de código y automatizar flujos de trabajo mediante integraciones CI/CD. Aprender a utilizar comandos básicos de Git como commit, push, pull, y merge es esencial, pero dominar conceptos más avanzados como rebase, stash y la gestión de conflictos puede marcar una gran diferencia en la productividad.

El manejo de bases de datos es otro pilar del desarrollo backend. Los desarrolladores deben familiarizarse con sistemas de gestión de bases de datos relacionales (RDBMS) como MySQL, PostgreSQL y SQLite, así como con bases de datos NoSQL como MongoDB, Redis y Cassandra. Además de entender cómo estructurar y optimizar consultas SQL, es vital conocer herramientas de administración de bases de datos como pgAdmin para PostgreSQL o MongoDB Compass para MongoDB, que facilitan la visualización y manipulación de los datos.

Para interactuar con estas bases de datos desde el código, los desarrolladores backend utilizan ORMs (Object-Relational Mappers). Herramientas como SQLAlchemy para Python, Hibernate para Java y TypeORM para Node.js permiten mapear estructuras de bases de datos a objetos en el código, simplificando las operaciones CRUD (Crear, Leer, Actualizar, Eliminar) y reduciendo la necesidad de escribir consultas SQL manualmente.

Otra herramienta esencial es el gestor de paquetes, que facilita la instalación y actualización de bibliotecas y dependencias necesarias para el proyecto. Dependiendo del lenguaje de programación, los desarrolladores utilizarán herramientas como npm o yarn para JavaScript, pip para Python, Maven o Gradle para Java, y Composer para PHP. Estos gestores no solo permiten instalar paquetes rápidamente, sino que también ayudan a gestionar versiones y resolver conflictos entre dependencias.

En el desarrollo backend, la automatización de pruebas es clave para garantizar la calidad del código. Herramientas como JUnit para Java, PyTest para Python, y Mocha para JavaScript permiten escribir y ejecutar pruebas unitarias y de integración. Además, plataformas como Postman son muy útiles para probar APIs de manera interactiva, facilitando la verificación del correcto funcionamiento de los endpoints antes de su despliegue.

El control y monitoreo de aplicaciones también es fundamental. Herramientas como Prometheus y Grafana permiten recopilar y visualizar métricas de rendimiento en tiempo real, mientras que ELK Stack (Elasticsearch, Logstash, Kibana) se utiliza para el análisis y visualización de logs. Estas herramientas ayudan a identificar cuellos de botella, errores y otros problemas que pueden afectar la estabilidad y el rendimiento de la aplicación.

Para el despliegue de aplicaciones, los desarrolladores backend suelen utilizar contenedores y orquestadores. Docker permite empaquetar aplicaciones y sus dependencias en contenedores portátiles que pueden ejecutarse en cualquier entorno, mientras que Kubernetes facilita la gestión y orquestación de estos contenedores en entornos de producción. Estas herramientas no solo simplifican el proceso de despliegue, sino que también mejoran la escalabilidad y la resiliencia de las aplicaciones.

La integración continua y el despliegue continuo (CI/CD) es otra área clave en el desarrollo backend. Herramientas como Jenkins, Travis CI, GitHub Actions y CircleCI permiten automatizar la construcción, prueba y despliegue de aplicaciones. Esto asegura que cada cambio en el código sea probado automáticamente y desplegado sin intervención manual, reduciendo errores y acelerando el ciclo de desarrollo.

La gestión de la configuración y la infraestructura como código (IaC) también es una parte importante del trabajo de un backend developer. Herramientas como Ansible, Terraform y Chef permiten definir y gestionar la infraestructura de manera programática, asegurando que los entornos de desarrollo, prueba y producción sean consistentes.

Finalmente, es crucial conocer frameworks backend que faciliten el desarrollo de aplicaciones. Dependiendo del lenguaje, hay múltiples opciones: Express.js para Node.js, Django y Flask para Python, Spring Boot para Java, y Laravel para PHP. Estos frameworks proporcionan estructuras y herramientas predefinidas que aceleran el desarrollo y aseguran que las aplicaciones sigan las mejores prácticas.

Dominar estas herramientas no solo mejora la eficiencia en el trabajo diario de un backend developer, sino que también abre la puerta a nuevas oportunidades y desafíos en el mundo del desarrollo de software. Con el tiempo y la experiencia, cada desarrollador encontrará su propio conjunto de herramientas preferidas, adaptadas a sus necesidades y estilo de trabajo.

Entendiendo el modelo cliente-servidor

El modelo cliente-servidor es uno de los pilares fundamentales en la arquitectura de las aplicaciones modernas. Desde los sitios web que visitamos a diario hasta las aplicaciones móviles que utilizamos constantemente, este modelo define cómo se comunican y funcionan los diferentes componentes de un sistema informático. Comprender su funcionamiento es esencial para cualquier desarrollador backend, ya que este conocimiento permite diseñar, construir y mantener aplicaciones eficientes y escalables.

En esencia, el modelo cliente-servidor describe una relación en la que dos entidades distintas, el cliente y el servidor, interactúan a través de una red. El cliente es la parte que realiza solicitudes para obtener servicios o recursos, mientras que el servidor es la parte que recibe esas solicitudes, las procesa y devuelve una respuesta adecuada. Esta interacción sigue un flujo bien definido, donde el cliente inicia la comunicación y el servidor responde.

Imaginemos un ejemplo simple: cuando abres tu navegador web y escribes la dirección de un sitio, tu navegador actúa como el cliente que envía una solicitud al servidor del sitio web. El servidor, al recibir la solicitud, procesa la información requerida, como recuperar una página HTML o acceder a una base de datos, y devuelve el contenido al navegador, que lo presenta en la pantalla.

Una característica clave del modelo cliente-servidor es su desacoplamiento. El cliente y el servidor están separados y pueden evolucionar de forma independiente. Esto significa que el cliente no necesita saber cómo el servidor procesa internamente sus solicitudes, y el servidor no necesita saber cómo el cliente utilizará la respuesta. Esta separación de responsabilidades permite una mayor flexibilidad y escalabilidad en el desarrollo de aplicaciones.

El modelo cliente-servidor se basa en protocolos de comunicación estandarizados, siendo el más común el HTTP (Hypertext Transfer Protocol), que es la base de la comunicación en la web. Cuando un cliente realiza una solicitud HTTP, puede ser de varios tipos: GET para obtener datos, POST para enviar información, PUT para actualizar recursos o DELETE para eliminar datos. El servidor interpreta estas solicitudes y responde con un código de estado HTTP que indica el resultado de la operación, como 200 OK para una solicitud exitosa o 404 Not Found si el recurso no existe.

El modelo de capas es otra característica importante del diseño cliente-servidor. Generalmente, la arquitectura se divide en tres capas principales: la capa de presentación (frontend), la capa de lógica de negocio (backend) y la capa de datos (base de datos). El cliente maneja la capa de presentación, donde el usuario interactúa con la aplicación. El servidor gestiona la lógica de negocio, procesando las solicitudes y aplicando las reglas del sistema. Finalmente, la capa de datos almacena y gestiona la información necesaria para la aplicación. Esta separación facilita el mantenimiento y la escalabilidad del sistema.

Uno de los grandes beneficios del modelo cliente-servidor es su capacidad para manejar múltiples clientes al mismo tiempo. Un solo servidor puede atender cientos o incluso miles de solicitudes simultáneas de diferentes clientes. Para lograr esto, los servidores están diseñados para ser eficientes en el manejo de conexiones concurrentes, utilizando técnicas como la programación asíncrona, multi-threading o event-driven architecture. Tecnologías como Node.js y frameworks como Spring Boot permiten desarrollar servidores que manejan múltiples conexiones de forma eficiente.

A pesar de sus ventajas, el modelo cliente-servidor también presenta algunos desafíos. Uno de ellos es la latencia en la comunicación. Dado que el cliente y el servidor pueden estar ubicados en diferentes partes del mundo, la velocidad de respuesta puede verse afectada por la calidad de la red y la distancia física. Para mitigar este problema, se utilizan técnicas como el caching, que almacena temporalmente las respuestas más frecuentes, y el uso de CDNs (Content Delivery Networks), que distribuyen el contenido en servidores ubicados estratégicamente cerca de los usuarios.

Otro desafío importante es la seguridad. Dado que el cliente y el servidor se comunican a través de una red, existe el riesgo de que la información sea interceptada o manipulada por terceros. Para proteger los datos, se implementan medidas de seguridad como el uso de HTTPS (la versión segura de HTTP), autenticación y autorización de usuarios, y técnicas de encriptación de datos sensibles tanto en tránsito como en reposo.

El modelo cliente-servidor también ha evolucionado con el tiempo para adaptarse a nuevas necesidades y tecnologías. Uno de los enfoques más modernos es la arquitectura de microservicios, que descompone el backend en pequeños servicios independientes que se comunican entre sí a través de APIs. Esto permite una mayor flexibilidad y escalabilidad, ya que cada microservicio puede desarrollarse, desplegarse y escalarse de manera independiente.

Otro desarrollo reciente es el uso de WebSockets, que permiten una comunicación bidireccional en tiempo real entre el cliente y el servidor. A diferencia del modelo tradicional, donde el cliente debe esperar la respuesta del servidor después de cada solicitud, los WebSockets permiten mantener una conexión abierta y continua, ideal para aplicaciones que requieren actualizaciones en tiempo real, como chats, videojuegos en línea o plataformas de trading.

El modelo cliente-servidor también ha influido en la forma en que interactúan las aplicaciones móviles y de escritorio con los servicios en la nube. Hoy en día, muchas aplicaciones funcionan como clientes ligeros que dependen de servidores en la nube para la mayoría de sus funciones. Esto reduce la necesidad de recursos en el dispositivo del usuario y permite acceder a datos y servicios desde cualquier lugar y en cualquier momento.

La comprensión profunda del modelo cliente-servidor no solo es esencial para el desarrollo de aplicaciones backend, sino que también es fundamental para optimizar el rendimiento, la seguridad y la escalabilidad de las aplicaciones. Los desarrolladores backend deben ser capaces de diseñar sistemas que manejen eficientemente las solicitudes de los clientes, gestionar la carga del servidor y garantizar la integridad y la seguridad de los datos.

En resumen, el modelo cliente-servidor es la base sobre la cual se construyen la mayoría de las aplicaciones y servicios modernos. Su estructura bien definida, su capacidad para manejar múltiples conexiones y su flexibilidad para adaptarse a diferentes tecnologías lo convierten en un modelo indispensable para el desarrollo de software.

Comprender sus principios y desafíos es fundamental para cualquier desarrollador que aspire a crear aplicaciones robustas, seguras y escalables en el mundo actual.

Fundamentos de APIs y RESTful Services

En el mundo del desarrollo de software moderno, las APIs (Interfaces de Programación de Aplicaciones) y los servicios RESTful se han convertido en componentes esenciales para la creación de aplicaciones escalables, modulares y fácilmente mantenibles. Comprender cómo funcionan estas herramientas y cómo implementarlas correctamente es fundamental para cualquier desarrollador backend que desee construir sistemas robustos y eficientes.

Una API es un conjunto de reglas y protocolos que permite que diferentes aplicaciones o servicios se comuniquen entre sí. En términos simples, una API actúa como un intermediario que permite que dos programas interactúen sin necesidad de que el desarrollador entienda la lógica interna de la aplicación con la que está interactuando. Las APIs pueden ser utilizadas para múltiples propósitos, desde obtener datos de una base de datos hasta interactuar con servicios externos como plataformas de pago, redes sociales o servicios en la nube.

El diseño y la arquitectura de las APIs han evolucionado con el tiempo, y uno de los enfoques más populares y ampliamente adoptados es el uso de servicios RESTful. REST (Representational State Transfer) es un estilo arquitectónico que define un conjunto de restricciones y principios para crear servicios web eficientes y escalables. Los servicios que siguen estas directrices se conocen como RESTful services.

Una de las características principales de REST es su enfoque en los recursos. En el contexto de una API RESTful, un recurso puede ser cualquier entidad que necesitemos gestionar, como usuarios, productos, órdenes o cualquier otro dato relevante. Estos recursos son identificados mediante URLs (Uniform Resource Locators), y las operaciones sobre ellos se realizan utilizando los métodos estándar del protocolo HTTP: GET, POST, PUT, PATCH y DELETE.

GET se utiliza para obtener información de un recurso. Por ejemplo, una solicitud GET a https://api.ejemplo.com/usuarios/1 podría devolver la información del usuario con ID 1.

POST se usa para crear un nuevo recurso. Enviar una solicitud POST a https://api.ejemplo.com/usuarios con los datos necesarios en el cuerpo de la solicitud crearía un nuevo usuario.

PUT y PATCH se utilizan para actualizar recursos existentes. PUT generalmente reemplaza completamente el recurso, mientras que PATCH realiza actualizaciones parciales.

DELETE elimina un recurso específico.

Otro principio fundamental de REST es que debe ser sin estado (stateless). Esto significa que cada solicitud del cliente al servidor debe contener toda la información necesaria para que el servidor la procese. El servidor no debe almacenar ningún estado del cliente entre solicitudes. Esto facilita la escalabilidad, ya que cualquier servidor puede manejar cualquier solicitud sin necesidad de compartir información de estado entre ellos.

Además, las APIs RESTful suelen devolver datos en formatos estándar como JSON (JavaScript Object Notation) o, en menor medida, XML. JSON es ampliamente preferido debido a su simplicidad y compatibilidad con la mayoría de los lenguajes de programación modernos. Por ejemplo, una respuesta JSON a una solicitud GET podría verse así:

```
{

  "id": 1,

  "nombre": "Juan Pérez",

  "email": "juan.perez@ejemplo.com"

}
```

Un aspecto crucial en el diseño de APIs RESTful es el manejo adecuado de los códigos de estado HTTP. Estos códigos informan al cliente sobre el resultado de su solicitud. Algunos de los códigos más comunes incluyen:

200 OK: La solicitud fue exitosa.

201 Created: El recurso fue creado exitosamente (usualmente como resultado de una solicitud POST).

204 No Content: La solicitud fue exitosa, pero no hay contenido que devolver (común en DELETE).

400 Bad Request: La solicitud es inválida, generalmente por errores en los datos enviados.

401 Unauthorized: La solicitud requiere autenticación.

403 Forbidden: El cliente no tiene permiso para acceder al recurso.

404 Not Found: El recurso solicitado no existe.

500 Internal Server Error: Error en el servidor al procesar la solicitud.

La autenticación y autorización son componentes esenciales en la mayoría de las APIs RESTful. Existen varios métodos para autenticar a los usuarios y asegurar que solo las personas autorizadas puedan acceder a ciertos recursos. OAuth 2.0 y JSON Web Tokens (JWT) son dos de los métodos más utilizados. OAuth 2.0 permite a las aplicaciones obtener acceso limitado a los recursos de un usuario sin necesidad de compartir sus credenciales, mientras que los JWT proporcionan una forma segura y eficiente de transmitir información entre el cliente y el servidor.

El versionado de la API también es una práctica importante. A medida que una API evoluciona, pueden introducirse cambios que rompan la compatibilidad con versiones anteriores. Para manejar esto, se suele incluir la versión en la URL o en los encabezados de la solicitud. Por ejemplo, https://api.ejemplo.com/v1/usuarios indica que se está utilizando la versión 1 de la API. Esto permite a los desarrolladores mantener múltiples versiones de la API y ofrecer soporte a aplicaciones que dependen de versiones anteriores.

La documentación de una API es fundamental para facilitar su uso por otros desarrolladores. Herramientas como Swagger (ahora conocido como OpenAPI Specification) permiten generar documentación interactiva que describe claramente los endpoints disponibles, los parámetros que aceptan y las respuestas que devuelven. Una buena documentación no solo facilita la adopción de la API, sino que también reduce la necesidad de soporte técnico y mejora la experiencia del desarrollador.

El rendimiento y la escalabilidad de una API RESTful también son aspectos clave. Técnicas como el caching pueden mejorar significativamente la velocidad de respuesta y reducir la carga en el servidor. HTTP permite el uso de encabezados como ETag y Cache-Control para gestionar la caché de las respuestas. Además, la paginación es una técnica común para manejar grandes volúmenes de datos, permitiendo al cliente solicitar los datos en bloques más pequeños y manejables.

El manejo de errores de manera consistente y clara es otro aspecto importante en el diseño de APIs. Las respuestas de error deben proporcionar suficiente información para que el cliente pueda entender qué salió mal y cómo corregirlo. Por ejemplo, una respuesta de error podría incluir un código de error específico, un mensaje descriptivo y detalles adicionales sobre el problema:

```
{

"error": {

  "codigo": 400,

  "mensaje": "El campo 'email' es obligatorio",

  "detalle": "Por favor, proporcione una dirección de correo válida."

}
```

}

Finalmente, es importante considerar la seguridad al diseñar APIs RESTful. Además de la autenticación y autorización, se deben implementar prácticas como la validación de entradas para prevenir ataques de inyección SQL, la protección contra ataques de denegación de servicio (DoS) y el uso de HTTPS para cifrar las comunicaciones entre el cliente y el servidor.

Dominar los fundamentos de las APIs y los servicios RESTful no solo permite a los desarrolladores crear aplicaciones más flexibles y mantenibles, sino que también abre la puerta a la integración con una amplia gama de servicios y plataformas. Al entender y aplicar estos principios, los desarrolladores backend pueden construir soluciones eficientes y escalables que respondan a las necesidades del mundo digital actual.

Lenguajes populares para backend: pros y contras

El desarrollo backend es un campo amplio y dinámico, donde la elección del lenguaje de programación puede influir significativamente en la eficiencia, escalabilidad y mantenimiento de una aplicación. Existen varios lenguajes que han ganado popularidad por sus características específicas y su capacidad para resolver problemas en distintos contextos. A continuación, exploraremos algunos de los lenguajes más utilizados en el desarrollo backend, analizando sus ventajas y desventajas para ayudar a los desarrolladores a tomar decisiones informadas.

JavaScript (Node.js) es uno de los lenguajes más utilizados en el desarrollo backend, gracias a la llegada de Node.js, que permitió ejecutar JavaScript en el servidor. Una de las principales ventajas de usar JavaScript para el backend es la posibilidad de utilizar un solo lenguaje en todo el stack, facilitando la comunicación entre el frontend y el backend. Node.js es conocido por su modelo de operación no bloqueante y orientado a eventos, lo que lo hace ideal para aplicaciones que requieren manejar muchas conexiones simultáneas, como chats en tiempo real o aplicaciones de transmisión de datos.

Sin embargo, JavaScript no está exento de desventajas. Su naturaleza asincrónica puede ser difícil de manejar para los desarrolladores novatos, y aunque su ecosistema es amplio y rico en bibliotecas, esto también puede generar problemas de seguridad y mantenimiento debido a la dependencia de paquetes de terceros que no siempre son confiables. Además, en aplicaciones que requieren operaciones intensivas en CPU, Node.js puede no ser la mejor opción debido a su modelo de un solo hilo.

Python es otro lenguaje muy popular en el desarrollo backend, especialmente conocido por su sintaxis clara y legible. Frameworks como Django y Flask han contribuido a su éxito, proporcionando herramientas potentes para el desarrollo rápido de aplicaciones web. Python es ideal para prototipado rápido y es ampliamente utilizado en el ámbito académico y científico, especialmente en áreas como el análisis de datos y la inteligencia artificial.

Entre las ventajas de Python destaca su extensa comunidad y la disponibilidad de bibliotecas para casi cualquier necesidad. Sin embargo, su rendimiento puede ser un obstáculo en aplicaciones donde la velocidad es crítica, ya que Python es un lenguaje interpretado y, por lo tanto, más lento que otros lenguajes compilados como Java o C++. A pesar de esto, para muchos proyectos, la facilidad de desarrollo y la rapidez con la que se pueden implementar soluciones compensan estas limitaciones de rendimiento.

Java ha sido durante mucho tiempo un pilar en el desarrollo backend, especialmente en aplicaciones empresariales de gran escala. Su robustez, portabilidad y la máquina virtual Java (JVM) permiten que las aplicaciones escritas en Java sean altamente estables y escalables. Frameworks como Spring Boot han modernizado el desarrollo en Java, haciéndolo más accesible y rápido sin perder la solidez que caracteriza al lenguaje.

Una de las grandes ventajas de Java es su rendimiento y su capacidad para manejar aplicaciones complejas y de gran tamaño. Sin embargo, su sintaxis puede resultar más compleja y verbosa en comparación con otros lenguajes más modernos, lo que puede hacer que el desarrollo sea más lento y menos ágil, especialmente para desarrolladores nuevos en el lenguaje.

PHP ha sido durante años el lenguaje predilecto para el desarrollo web, siendo la base de plataformas tan populares como WordPress, Drupal y Joomla. Su facilidad de uso y su bajo coste de implementación lo hicieron muy atractivo en sus inicios. Frameworks como Laravel han revitalizado el uso de PHP, introduciendo patrones modernos de desarrollo y herramientas que mejoran la productividad.

A pesar de su popularidad, PHP ha recibido críticas por su diseño inconsistente y la falta de características modernas en sus versiones iniciales. Sin embargo, con la evolución del lenguaje y la introducción de nuevas versiones, muchos de estos problemas han sido mitigados. Aún así, en proyectos que requieren alto rendimiento o estructuras más complejas, otros lenguajes pueden ser preferibles.

Ruby, con su famoso framework Ruby on Rails, fue pionero en el desarrollo ágil y el enfoque en la productividad del desarrollador. Rails introdujo convenciones que simplificaron el desarrollo de aplicaciones web y promovieron la adopción de patrones de diseño coherentes y eficientes. Ruby es apreciado por su sintaxis elegante y su fuerte orientación a objetos, lo que hace que el código sea fácil de leer y mantener.

Sin embargo, el rendimiento de Ruby no es su punto fuerte, y aunque es excelente para el desarrollo rápido de aplicaciones, puede no ser la mejor opción para aplicaciones que requieren un alto rendimiento o que manejan grandes volúmenes de tráfico. Además, la comunidad de Ruby, aunque activa, ha disminuido en comparación con otros lenguajes más modernos.

Go (Golang) es un lenguaje desarrollado por Google que ha ganado popularidad por su simplicidad y rendimiento. Go está diseñado para la concurrencia y es ideal para aplicaciones que requieren manejar múltiples procesos de manera eficiente, como servicios en la nube y microservicios. Su compilación rápida y el manejo eficiente de la memoria lo hacen una excelente opción para aplicaciones de alto rendimiento.

La principal desventaja de Go es su relativa juventud, lo que significa que su ecosistema no es tan amplio como el de otros lenguajes más establecidos. Además, su simplicidad puede ser un arma de doble filo, ya que carece de algunas características avanzadas de otros lenguajes orientados a objetos, lo que puede limitar su flexibilidad en ciertos casos.

C#, el lenguaje de Microsoft, ha sido tradicionalmente utilizado en entornos Windows, pero con la llegada de .NET Core, su adopción ha crecido en múltiples plataformas. C# ofrece un rendimiento sólido y una rica colección de bibliotecas que facilitan el desarrollo de aplicaciones empresariales y servicios web. Su integración con herramientas de Microsoft y el soporte para el desarrollo multiplataforma han ampliado su alcance más allá del ecosistema Windows.

Entre sus desventajas, C# puede tener una curva de aprendizaje empinada para aquellos que no están familiarizados con los entornos de desarrollo de Microsoft. Además, aunque .NET Core ha mejorado la compatibilidad multiplataforma, algunas aplicaciones aún pueden enfrentar desafíos de portabilidad.

Cada uno de estos lenguajes tiene su lugar en el desarrollo backend, y la elección del más adecuado dependerá de varios factores, incluyendo los requisitos del proyecto, la experiencia del equipo de desarrollo, y la infraestructura disponible. Comprender los puntos fuertes y las limitaciones de cada lenguaje permite a los desarrolladores tomar decisiones informadas que optimicen tanto el proceso de desarrollo como el rendimiento de la aplicación final.

Instalación y configuración de un entorno de desarrollo

El primer paso para convertirse en un desarrollador backend eficiente es contar con un entorno de desarrollo bien configurado. Este entorno incluye todas las herramientas, bibliotecas y configuraciones necesarias para escribir, probar y depurar código de manera efectiva. Un entorno de desarrollo bien configurado no solo mejora la productividad, sino que también ayuda a evitar errores y facilita la colaboración con otros desarrolladores.

El proceso de configuración comienza con la elección del sistema operativo. Aunque muchos lenguajes de programación y herramientas son multiplataforma, el sistema operativo puede influir en el flujo de trabajo del desarrollador. Linux y macOS son populares entre los desarrolladores backend debido a su compatibilidad con herramientas de línea de comandos y servidores, así como su robustez y seguridad. Windows, por su parte, ha mejorado significativamente su soporte para el desarrollo backend, especialmente con la introducción del Subsistema de Windows para Linux (WSL), que permite ejecutar una distribución de Linux directamente en Windows.

Una vez elegido el sistema operativo, el siguiente paso es instalar un editor de texto o un entorno de desarrollo integrado (IDE). Herramientas como Visual Studio Code, Sublime Text y Atom son editores ligeros y personalizables que ofrecen extensiones para múltiples lenguajes y frameworks. Por otro lado, IDEs como IntelliJ IDEA para Java, PyCharm para Python o PHPStorm para PHP proporcionan características avanzadas como depuración integrada, autocompletado inteligente y análisis de código. La elección entre un editor de texto y un IDE dependerá de las preferencias personales y del lenguaje de programación utilizado.

El siguiente paso es la instalación del lenguaje de programación que se utilizará para el desarrollo backend. Lenguajes como Python, JavaScript (con Node.js), Java, Ruby, PHP y Go son ampliamente utilizados en el desarrollo backend. La instalación de estos lenguajes suele ser sencilla y está bien documentada en sus respectivos sitios oficiales. Por ejemplo, Python se puede instalar fácilmente mediante un gestor de paquetes como apt en Linux o Homebrew en macOS. Para Node.js, se recomienda el uso de nvm (Node Version Manager), que permite gestionar múltiples versiones de Node.js en el mismo sistema.

Una vez instalado el lenguaje de programación, es esencial configurar un gestor de paquetes para manejar las dependencias del proyecto. Herramientas como npm o yarn para Node.js, pip para Python, Maven o Gradle para Java, y Composer para PHP permiten instalar y actualizar bibliotecas de terceros de manera eficiente. Estas herramientas también facilitan la creación de archivos de configuración que documentan las dependencias del proyecto, lo cual es crucial para la colaboración y el despliegue en otros entornos.

La gestión del código fuente es otro aspecto fundamental en la configuración del entorno de desarrollo. Git es el sistema de control de versiones más popular y es esencial para cualquier desarrollador. Git permite rastrear cambios en el código, colaborar con otros desarrolladores y gestionar diferentes versiones del proyecto. La instalación de Git es simple y está disponible para todos los sistemas operativos. Además, plataformas como GitHub, GitLab y Bitbucket ofrecen servicios de alojamiento de repositorios y herramientas adicionales como integración continua y gestión de proyectos.

Una parte esencial del entorno de desarrollo es la configuración de la base de datos. Dependiendo del proyecto, se puede necesitar una base de datos relacional como MySQL o PostgreSQL, o una base de datos no relacional como MongoDB. La instalación de estas bases de datos suele ser directa y las configuraciones básicas permiten comenzar a trabajar rápidamente. Sin embargo, es importante aprender a configurar correctamente las credenciales de acceso y las políticas de seguridad para proteger los datos durante el desarrollo.

Para facilitar la comunicación entre el backend y la base de datos, es común utilizar ORMS (Object-Relational Mappers). Herramientas como SQLAlchemy para Python, Sequelize para Node.js y Hibernate para Java permiten interactuar con la base de datos utilizando objetos y métodos en lugar de escribir consultas SQL manuales. Esto no solo simplifica el desarrollo, sino que también ayuda a mantener el código más limpio y organizado.

La virtualización y el uso de contenedores también son componentes clave en un entorno de desarrollo moderno. Herramientas como Docker permiten empaquetar aplicaciones y sus dependencias en contenedores que pueden ejecutarse en cualquier entorno, asegurando que el software funcione de manera consistente sin importar dónde se ejecute. La instalación de Docker es sencilla y existen múltiples recursos que guían a los desarrolladores en la creación y gestión de contenedores.

Además de Docker, el uso de herramientas de orquestación como Kubernetes puede ser necesario en proyectos más grandes. Kubernetes permite gestionar múltiples contenedores en entornos de producción, facilitando el escalado y la administración de aplicaciones complejas.

Aunque la configuración inicial puede ser más compleja, su aprendizaje es fundamental para trabajar en infraestructuras modernas basadas en la nube.

La automatización de pruebas es otro aspecto crucial en la configuración del entorno de desarrollo. Herramientas como Jest para JavaScript, PyTest para Python y JUnit para Java permiten escribir y ejecutar pruebas automatizadas que aseguran la calidad del código. Estas herramientas ayudan a identificar errores tempranos en el ciclo de desarrollo y facilitan el mantenimiento del software a largo plazo.

Finalmente, es importante configurar herramientas de depuración y monitorización. La mayoría de los IDEs y editores de texto incluyen depuradores integrados que permiten ejecutar el código paso a paso, inspeccionar variables y detectar errores. Además, herramientas como Postman son esenciales para probar APIs y servicios web, permitiendo enviar solicitudes HTTP y analizar las respuestas de manera sencilla.

La documentación del entorno de desarrollo también juega un papel importante. Mantener un registro claro de las herramientas instaladas, las configuraciones realizadas y los comandos utilizados facilita la reproducción del entorno en otros sistemas y ayuda a otros desarrolladores a integrarse rápidamente al proyecto. Herramientas como Markdown y plataformas como Notion o Confluence son útiles para mantener documentación organizada y accesible.

En definitiva, la instalación y configuración de un entorno de desarrollo adecuado es un paso esencial en el camino hacia el desarrollo backend. Un entorno bien configurado no solo mejora la eficiencia del desarrollador, sino que también garantiza que el código sea más robusto, seguro y fácil de mantener. Al dedicar tiempo a configurar correctamente el entorno, los desarrolladores pueden centrarse en lo que realmente importa: crear aplicaciones de alta calidad que satisfagan las necesidades de los usuarios.

Principios básicos de bases de datos relacionales

Las bases de datos relacionales son uno de los pilares fundamentales en el desarrollo de aplicaciones backend. Desde su introducción en la década de 1970, este modelo ha dominado la forma en que se almacena, organiza y manipula la información en sistemas informáticos. Su estructura lógica, basada en relaciones y tablas, proporciona un enfoque claro y eficiente para manejar grandes volúmenes de datos de manera estructurada.

El concepto central de las bases de datos relacionales es la tabla. Una tabla es una colección de datos organizados en filas y columnas. Cada fila (o registro) representa una instancia única de un objeto o entidad, mientras que cada columna (o campo) representa un atributo de esa entidad. Por ejemplo, una tabla de usuarios podría tener columnas como ID, Nombre, Correo Electrónico y Fecha de Registro, y cada fila contendría la información de un usuario específico.

Un principio clave de este modelo es la clave primaria (Primary Key). Esta es una columna, o un conjunto de columnas, que identifica de manera única cada registro dentro de una tabla. Ningún valor en la clave primaria puede repetirse ni ser nulo. Por ejemplo, en la tabla de usuarios, el ID podría servir como clave primaria, asegurando que cada usuario tenga un identificador único. La clave primaria garantiza la integridad de los datos y facilita la referencia cruzada entre tablas.

Otra característica fundamental es el uso de claves foráneas (Foreign Keys), que permiten establecer relaciones entre diferentes tablas. Una clave foránea en una tabla apunta a la clave primaria de otra tabla, creando un vínculo lógico entre ambas. Por ejemplo, en un sistema de gestión de pedidos, una tabla Pedidos podría tener una columna UsuarioID que actúe como clave foránea, haciendo referencia al ID de la tabla Usuarios. Esto permite relacionar cada pedido con el usuario que lo realizó.

El lenguaje de consulta estructurado (SQL, por sus siglas en inglés) es la herramienta estándar utilizada para interactuar con bases de datos relacionales. SQL permite realizar una variedad de operaciones, como la creación de tablas (CREATE TABLE), la inserción de datos (INSERT INTO), la actualización de registros (UPDATE), la eliminación de datos (DELETE) y la consulta de información (SELECT). La simplicidad y el poder de SQL lo convierten en una habilidad esencial para cualquier desarrollador backend.

Uno de los aspectos más poderosos de las bases de datos relacionales es la capacidad de realizar consultas complejas utilizando joins. Un join permite combinar datos de múltiples tablas en una sola consulta, basándose en relaciones definidas por claves foráneas. Por ejemplo, una consulta podría recuperar todos los pedidos realizados por un usuario específico combinando la tabla Usuarios con la tabla Pedidos. Los tipos más comunes de joins incluyen:

INNER JOIN: Devuelve solo los registros que tienen coincidencias en ambas tablas.

LEFT JOIN: Devuelve todos los registros de la tabla izquierda y las coincidencias de la tabla derecha. Si no hay coincidencia, se devuelven valores nulos para la tabla derecha.

RIGHT JOIN: Similar al LEFT JOIN, pero devuelve todos los registros de la tabla derecha.

FULL JOIN: Devuelve todos los registros cuando hay una coincidencia en una de las tablas.

La normalización es otro principio fundamental en el diseño de bases de datos relacionales. La normalización es el proceso de organizar los datos en una base de datos para reducir la redundancia y mejorar la integridad de los datos. Este proceso se logra dividiendo los datos en múltiples tablas relacionadas y aplicando reglas específicas, conocidas como formas normales. Las tres primeras formas normales son las más utilizadas:

Primera Forma Normal (1NF): Asegura que cada columna de una tabla contenga valores atómicos (indivisibles) y que cada entrada en una columna sea del mismo tipo.

Segunda Forma Normal (2NF): Requiere que la base de datos esté en 1NF y que todos los atributos no clave sean dependientes completamente de la clave primaria.

Tercera Forma Normal (3NF): Requiere que la base de datos esté en 2NF y que no existan dependencias transitivas entre los atributos no clave.

Si bien la normalización ayuda a mantener la integridad de los datos, en algunos casos puede afectar el rendimiento de las consultas debido a la necesidad de realizar múltiples joins. En estos casos, se puede aplicar una técnica llamada desnormalización, que consiste en combinar tablas o duplicar datos para mejorar el rendimiento de las consultas, a costa de aumentar la complejidad en la gestión de la integridad de los datos.

La integridad referencial es otro aspecto crítico de las bases de datos relacionales. Este principio garantiza que las relaciones entre tablas sean coherentes. Por ejemplo, no debería ser posible tener un pedido en la tabla Pedidos que haga referencia a un UsuarioID que no existe en la tabla Usuarios. Las bases de datos relacionales permiten definir restricciones para garantizar la integridad referencial, como ON DELETE CASCADE o ON UPDATE CASCADE, que definen qué debe suceder con los registros relacionados cuando se eliminan o actualizan registros en la tabla principal.

La transaccionalidad es otra característica importante de las bases de datos relacionales. Una transacción es un conjunto de operaciones que se ejecutan como una unidad atómica, lo que significa que todas las operaciones deben completarse exitosamente o ninguna de ellas será aplicada. Esto se conoce como la propiedad ACID:

Atomicidad (Atomicity): Garantiza que todas las operaciones de una transacción se completen o ninguna lo haga.

Consistencia (Consistency): Asegura que la base de datos pase de un estado válido a otro estado válido después de una transacción.

Aislamiento (Isolation): Las transacciones concurrentes no deben interferir entre sí.

Durabilidad (Durability): Una vez que una transacción se ha confirmado, sus cambios son permanentes, incluso en caso de fallos del sistema.

Las bases de datos relacionales también permiten optimizar el rendimiento mediante el uso de índices. Un índice es una estructura que mejora la velocidad de las consultas al permitir búsquedas más rápidas de los registros. Sin embargo, el uso excesivo de índices puede afectar el rendimiento de las operaciones de escritura, como inserciones y actualizaciones, ya que los índices también deben mantenerse actualizados.

Finalmente, es importante considerar la escalabilidad de las bases de datos relacionales. Tradicionalmente, estas bases de datos escalan verticalmente, lo que significa que se mejoran las capacidades del hardware del servidor para manejar más carga. Sin embargo, también existen técnicas para la escalabilidad horizontal, como la fragmentación (sharding) y la replicación, que permiten distribuir los datos y las solicitudes entre múltiples servidores para mejorar el rendimiento y la disponibilidad.

Dominar los principios básicos de las bases de datos relacionales es esencial para cualquier desarrollador backend. La comprensión de cómo estructurar y consultar datos de manera eficiente no solo mejora el rendimiento de las aplicaciones, sino que también garantiza la integridad y la consistencia de la información, aspectos fundamentales en el desarrollo de sistemas confiables y escalables.

Introducción a bases de datos no relacionales

Las bases de datos han sido durante mucho tiempo un componente esencial en el desarrollo de aplicaciones, permitiendo almacenar, gestionar y recuperar datos de manera eficiente. Tradicionalmente, las bases de datos relacionales han dominado este espacio, estructurando la información en tablas con filas y columnas, y utilizando el lenguaje SQL para interactuar con los datos. Sin embargo, con la evolución de las necesidades tecnológicas y el crecimiento exponencial de la cantidad y variedad de datos, surgieron nuevas soluciones conocidas como bases de datos no relacionales o NoSQL.

El término NoSQL no significa "sin SQL" en el sentido literal, sino que hace referencia a una clase de bases de datos que no siguen el modelo relacional tradicional. Estas bases de datos están diseñadas para ofrecer mayor flexibilidad, escalabilidad y rendimiento en escenarios donde las bases de datos relacionales pueden quedarse cortas. Esto es especialmente relevante en aplicaciones modernas como redes sociales, sistemas de análisis en tiempo real, plataformas de comercio electrónico y servicios en la nube.

Las bases de datos no relacionales se dividen en varias categorías, cada una optimizada para diferentes tipos de datos y patrones de uso. Las principales categorías incluyen bases de datos de documentos, bases de datos clave-valor, bases de datos de columnas y bases de datos de grafos.

Las bases de datos de documentos, como MongoDB y CouchDB, almacenan la información en estructuras similares a documentos JSON. Cada documento es una unidad independiente que puede contener datos complejos, como listas y objetos anidados. Este enfoque proporciona una gran flexibilidad, ya que no es necesario definir un esquema rígido antes de almacenar datos. Los desarrolladores pueden añadir o eliminar campos según sea necesario sin afectar a otros documentos en la colección. Esto es ideal para aplicaciones que manejan datos semi-estructurados o que evolucionan rápidamente, como plataformas de contenido o aplicaciones móviles.

Las bases de datos clave-valor, como Redis y DynamoDB, almacenan los datos como pares de clave y valor. Este modelo es extremadamente simple y eficiente, permitiendo acceder a los datos de manera muy rápida utilizando la clave única. Las bases de datos clave-valor son ideales para casos de uso donde se requiere un acceso ultrarrápido a datos simples, como almacenamiento en caché, gestión de sesiones o almacenamiento de configuraciones.

Las bases de datos de columnas, como Cassandra y HBase, organizan los datos en columnas en lugar de filas. Este modelo permite leer y escribir grandes cantidades de datos de manera eficiente, lo que las hace adecuadas para aplicaciones de análisis de grandes volúmenes de datos o sistemas de recomendación. A diferencia de las bases de datos relacionales, donde cada fila debe seguir la misma estructura, en las bases de datos de columnas cada fila puede tener un conjunto diferente de columnas, proporcionando mayor flexibilidad.

Las bases de datos de grafos, como Neo4j y OrientDB, están diseñadas para gestionar relaciones complejas entre datos. En lugar de almacenar información en tablas, estas bases de datos utilizan nodos (entidades) y aristas (relaciones) para representar y consultar los datos. Este modelo es particularmente útil en aplicaciones donde las relaciones entre los datos son tan importantes como los propios datos, como en redes sociales, sistemas de recomendación y análisis de fraudes.

Uno de los mayores beneficios de las bases de datos NoSQL es su capacidad para escalar horizontalmente. Mientras que las bases de datos relacionales suelen escalar verticalmente (añadiendo más recursos a un único servidor), las bases de datos NoSQL están diseñadas para distribuir los datos a través de múltiples servidores o nodos. Esto permite manejar grandes volúmenes de datos y tráfico sin comprometer el rendimiento. La escalabilidad horizontal es esencial para aplicaciones que experimentan un crecimiento rápido o que necesitan estar disponibles a nivel global.

Otra ventaja clave es la flexibilidad en el modelado de datos. Las bases de datos NoSQL no requieren un esquema fijo, lo que facilita la adaptación a cambios en los requisitos de la aplicación. Esto es especialmente valioso en entornos ágiles, donde las aplicaciones evolucionan rápidamente y las estructuras de datos pueden cambiar con frecuencia. La capacidad de almacenar datos semi-estructurados o no estructurados también permite trabajar con una variedad más amplia de tipos de datos, como textos, imágenes, videos y registros de eventos.

A pesar de sus muchas ventajas, las bases de datos no relacionales también presentan ciertos desafíos. Uno de los más notables es la falta de estandarización. Mientras que SQL es un estándar ampliamente aceptado para interactuar con bases de datos relacionales, cada base de datos NoSQL tiene su propio lenguaje de consulta y características específicas. Esto puede hacer que la curva de aprendizaje sea más pronunciada y que la migración entre diferentes sistemas NoSQL sea más complicada.

Además, las bases de datos NoSQL suelen sacrificar ciertas características de consistencia para lograr una mayor disponibilidad y rendimiento, siguiendo el teorema CAP (Consistencia, Disponibilidad, Tolerancia a Particiones). Dependiendo del tipo de base de datos y su configuración, puede que no se garantice que todas las copias de los datos estén actualizadas en todo momento. Esto puede ser aceptable en algunos casos, como en redes sociales donde la eventual consistencia es suficiente, pero puede ser problemático en aplicaciones críticas como sistemas bancarios.

El rendimiento es otro aspecto a considerar. Aunque las bases de datos NoSQL están optimizadas para ciertos tipos de operaciones, no siempre son la mejor opción para todos los casos de uso. Por ejemplo, las bases de datos relacionales siguen siendo más adecuadas para aplicaciones que requieren transacciones complejas y operaciones JOIN, como los sistemas de gestión empresarial o las aplicaciones financieras.

La elección entre una base de datos relacional y una no relacional dependerá en gran medida de los requisitos específicos del proyecto. En muchos casos, las aplicaciones modernas utilizan una combinación de ambos tipos de bases de datos, aprovechando las fortalezas de cada uno. Este enfoque se conoce como arquitectura poliglota de persistencia, donde diferentes tipos de bases de datos se utilizan para diferentes partes de la aplicación según sus necesidades particulares.

En términos de implementación, trabajar con bases de datos NoSQL implica comprender cómo modelar los datos de manera eficiente y cómo optimizar las consultas para aprovechar al máximo el rendimiento. Herramientas como MongoDB Compass para bases de datos de documentos o RedisInsight para bases de datos clave-valor facilitan la administración y el análisis de los datos. Además, es importante considerar la seguridad, asegurando que las bases de datos estén protegidas contra accesos no autorizados y que los datos sensibles estén cifrados tanto en tránsito como en reposo.

El auge de las bases de datos no relacionales ha transformado el panorama del desarrollo de aplicaciones, ofreciendo nuevas formas de gestionar y escalar datos en la era digital. Su capacidad para manejar grandes volúmenes de datos no estructurados, su flexibilidad en el modelado y su escalabilidad horizontal las convierten en una opción poderosa para muchos escenarios. Sin embargo, como con cualquier tecnología, es crucial entender sus ventajas y limitaciones para tomar decisiones informadas y construir soluciones que satisfagan las necesidades específicas de cada proyecto.

Elección del servidor web: Apache, Nginx y más

La elección del servidor web es una decisión crucial en el desarrollo y despliegue de aplicaciones backend. El servidor web es el intermediario entre el navegador del usuario y el contenido que se sirve desde el backend. Su función principal es recibir las solicitudes HTTP, procesarlas y devolver la respuesta correspondiente, ya sea un archivo estático, una página dinámica o una API. En este capítulo, exploraremos las opciones más populares, como Apache y Nginx, sus características distintivas, ventajas, desventajas y cómo elegir el servidor adecuado para diferentes necesidades.

Apache HTTP Server, comúnmente conocido como Apache, es uno de los servidores web más antiguos y utilizados en el mundo. Desde su lanzamiento en 1995, ha mantenido una posición dominante gracias a su flexibilidad, extensibilidad y amplia comunidad de soporte. Apache sigue una arquitectura basada en módulos que permite a los administradores agregar o quitar funcionalidades según las necesidades del proyecto. Esto significa que puedes habilitar módulos para gestionar la autenticación, la compresión de contenido, el soporte de lenguajes como PHP, y mucho más.

Uno de los puntos fuertes de Apache es su capacidad para manejar una amplia variedad de configuraciones y personalizaciones. Utiliza archivos .htaccess que permiten realizar ajustes a nivel de directorio, lo que ofrece un control granular sin necesidad de acceder directamente al archivo de configuración principal. Esto es especialmente útil en entornos compartidos donde los desarrolladores pueden necesitar ajustar configuraciones específicas sin afectar al servidor completo.

Sin embargo, Apache no está exento de desventajas. Su modelo de procesamiento, basado en un enfoque de procesos o hilos por conexión, puede resultar ineficiente en situaciones de alta concurrencia. Aunque se han desarrollado módulos como event MPM para mejorar este aspecto, Apache puede consumir más recursos en comparación con alternativas más modernas, lo que puede afectar el rendimiento en aplicaciones de alto tráfico.

Por otro lado, Nginx (pronunciado "Engine-X") ha ganado una enorme popularidad desde su lanzamiento en 2004. Diseñado desde el principio para ser eficiente y escalable, Nginx utiliza un modelo de procesamiento basado en eventos asíncronos que le permite manejar miles de conexiones concurrentes utilizando una cantidad mínima de recursos. Esta arquitectura lo convierte en la opción preferida para aplicaciones que requieren un alto rendimiento, como sitios de medios, servicios de transmisión y APIs de alto tráfico.

Una de las características destacadas de Nginx es su capacidad para actuar no solo como servidor web, sino también como proxy inverso y balanceador de carga. Esto significa que Nginx puede distribuir las solicitudes entre varios servidores backend, equilibrando la carga y mejorando la disponibilidad del sistema. Esta funcionalidad es especialmente útil en arquitecturas de microservicios o en entornos donde se necesita escalar horizontalmente.

Nginx también es conocido por su eficiencia en la entrega de archivos estáticos, como imágenes, hojas de estilo y scripts JavaScript. Su rendimiento en este ámbito supera al de Apache, lo que lo convierte en la elección ideal para aplicaciones donde la velocidad de carga es crítica. Sin embargo, Nginx no soporta de manera nativa la ejecución de scripts como PHP, delegando esta tarea a un procesador externo como PHP-FPM. Esto puede agregar una capa adicional de complejidad en la configuración, aunque también proporciona una separación más clara entre el servidor web y el procesamiento de aplicaciones.

A pesar de sus ventajas en rendimiento, Nginx tiene una curva de aprendizaje más pronunciada en comparación con Apache, especialmente para aquellos que están acostumbrados a la configuración granular de .htaccess. La configuración de Nginx se realiza mediante un único archivo de configuración, lo que puede requerir una comprensión más profunda de su sintaxis y estructura.

Además de Apache y Nginx, existen otras opciones de servidores web que pueden ser adecuadas dependiendo de las necesidades específicas del proyecto. LiteSpeed, por ejemplo, es un servidor web de alto rendimiento que combina muchas de las características de Apache y Nginx. LiteSpeed es compatible con los archivos .htaccess y puede ejecutar scripts PHP de manera eficiente, al mismo tiempo que ofrece un rendimiento comparable al de Nginx. Aunque LiteSpeed es una solución comercial, su versión de código abierto, OpenLiteSpeed, está disponible para quienes buscan una alternativa gratuita.

Otra opción es Caddy, un servidor web moderno que se destaca por su simplicidad y características de seguridad integradas. Caddy configura automáticamente certificados SSL utilizando Let's Encrypt, lo que facilita la implementación de conexiones seguras. Además, su archivo de configuración es más sencillo y legible en comparación con Apache y Nginx, lo que lo convierte en una excelente opción para desarrolladores que buscan una configuración rápida y segura.

Para aplicaciones específicas, como aquellas basadas en Node.js, se puede utilizar servicios embebidos como Express o Koa, que permiten servir aplicaciones directamente sin la necesidad de un servidor web externo. Aunque esto simplifica la arquitectura, en aplicaciones de mayor escala o en producción, es común utilizar Nginx o Apache como proxy inverso para manejar la gestión de conexiones y la entrega de contenido estático, dejando que el servidor Node.js se enfoque en la lógica de la aplicación.

La elección del servidor web adecuado depende de varios factores, incluyendo el tipo de aplicación, la cantidad de tráfico esperado, los requisitos de rendimiento y la familiaridad del equipo con las herramientas. Apache es ideal para aplicaciones que requieren una configuración detallada y que se benefician de su compatibilidad con una amplia gama de módulos y tecnologías. Nginx es la mejor opción para aplicaciones que necesitan un alto rendimiento, escalabilidad y eficiencia en la gestión de conexiones concurrentes.

En algunos casos, puede ser beneficioso combinar ambos servidores para aprovechar sus fortalezas. Por ejemplo, se puede utilizar Nginx como proxy inverso para gestionar el tráfico entrante y servir archivos estáticos de manera eficiente, mientras que Apache maneja la lógica de la aplicación y la ejecución de scripts dinámicos. Este enfoque híbrido permite obtener lo mejor de ambos mundos, optimizando el rendimiento y la flexibilidad.

La seguridad es otro aspecto crucial a considerar al elegir y configurar un servidor web. Tanto Apache como Nginx ofrecen opciones avanzadas para configurar certificados SSL/TLS, implementar políticas de control de acceso y proteger contra amenazas comunes como ataques DDoS o inyección de comandos. Mantener el servidor web actualizado y aplicar las mejores prácticas de seguridad es esencial para proteger la aplicación y los datos de los usuarios.

La elección del servidor web adecuado no solo afecta el rendimiento de la aplicación, sino también la facilidad de mantenimiento y la escalabilidad a largo plazo. Comprender las características y capacidades de cada opción permite tomar decisiones informadas que optimicen el funcionamiento del backend y garantizan una experiencia fluida para los usuarios finales.

Introducción a la arquitectura de microservicios

La arquitectura de microservicios ha revolucionado la manera en que se diseñan y desarrollan las aplicaciones modernas. A diferencia de las arquitecturas monolíticas tradicionales, donde toda la funcionalidad de una aplicación se agrupa en un solo bloque de código, los microservicios dividen esa funcionalidad en pequeños servicios independientes que se comunican entre sí. Cada uno de estos servicios está diseñado para realizar una tarea específica y puede desarrollarse, implementarse y escalarse de manera independiente.

El auge de los microservicios responde a la necesidad de crear aplicaciones más flexibles, escalables y fáciles de mantener. En un sistema monolítico, cualquier cambio en una parte del código puede afectar otras partes del sistema, lo que complica las actualizaciones y el mantenimiento. En contraste, la arquitectura de microservicios permite que los equipos trabajen de forma independiente en diferentes servicios, lo que acelera el desarrollo y facilita la integración continua y el despliegue continuo (CI/CD).

Cada microservicio se ejecuta como un proceso separado y se comunica con otros servicios mediante protocolos ligeros, generalmente HTTP/REST o gRPC. Esta independencia permite que los servicios estén escritos en diferentes lenguajes de programación y utilicen diferentes tecnologías, siempre que puedan interactuar mediante APIs bien definidas. Esta flexibilidad tecnológica permite a los desarrolladores elegir las herramientas más adecuadas para cada tarea específica.

Un principio fundamental de la arquitectura de microservicios es la descentralización. En lugar de depender de una base de datos centralizada que sirva a toda la aplicación, cada microservicio gestiona su propia base de datos o almacenamiento de datos. Esto reduce los cuellos de botella y mejora la escalabilidad, ya que cada servicio puede optimizar su acceso a los datos según sus necesidades. Sin embargo, también plantea desafíos, como la necesidad de mantener la consistencia de los datos en todo el sistema.

Otro aspecto clave es la resiliencia. Dado que los microservicios están diseñados para ser autónomos, el fallo de un servicio no debería afectar al funcionamiento general de la aplicación. Este enfoque mejora la disponibilidad del sistema, ya que los errores pueden aislarse y gestionarse sin causar una interrupción total. Para lograr esta resiliencia, se implementan patrones como circuit breakers, reintentos automáticos y timeouts.

La escalabilidad es una de las mayores ventajas de los microservicios. En una arquitectura monolítica, escalar la aplicación implica replicar todo el sistema, incluso aquellas partes que no requieren más recursos. Con los microservicios, solo se escalan los servicios que lo necesitan. Por ejemplo, en una tienda en línea, el servicio de procesamiento de pagos podría necesitar más capacidad durante las temporadas de ventas, mientras que otros servicios, como el de gestión de inventario, pueden mantenerse sin cambios.

Sin embargo, la arquitectura de microservicios también introduce una mayor complejidad en la gestión del sistema. La comunicación entre servicios, el monitoreo, la seguridad y la orquestación requieren herramientas y enfoques especializados. Tecnologías como Docker y Kubernetes han sido fundamentales para facilitar el despliegue y la gestión de microservicios, permitiendo empaquetar cada servicio en contenedores ligeros que pueden ejecutarse de manera consistente en diferentes entornos.

El uso de microservicios también influye en la estructura organizacional de los equipos de desarrollo. Este enfoque promueve la creación de equipos pequeños y autónomos que son responsables de un conjunto específico de servicios. Cada equipo puede tomar decisiones técnicas de manera independiente, lo que fomenta la innovación y la rapidez en la entrega de nuevas funcionalidades. Este modelo se alinea con el concepto de DevOps, donde el desarrollo y las operaciones trabajan juntos para mantener el ciclo de vida del software de manera ágil y eficiente.

El versionado de APIs es un aspecto crucial en la arquitectura de microservicios. Dado que múltiples servicios pueden depender de una misma API, cualquier cambio en esa API debe gestionarse cuidadosamente para evitar interrupciones. El versionado permite introducir nuevas funcionalidades o realizar cambios sin afectar a los servicios que dependen de versiones anteriores. Esto se logra mediante la inclusión de números de versión en las URLs de las APIs o en los encabezados de las solicitudes.

La monitorización y el logging centralizado son esenciales para mantener la visibilidad en un entorno de microservicios. Con tantos servicios interactuando entre sí, es fundamental tener una visión clara del estado del sistema y la capacidad de rastrear problemas cuando ocurren. Herramientas como Prometheus para monitoreo y ELK Stack (Elasticsearch, Logstash, Kibana) para análisis de logs permiten a los equipos identificar rápidamente cuellos de botella y errores.

La seguridad también presenta nuevos desafíos en una arquitectura de microservicios. Cada servicio necesita ser protegido de manera individual, y la comunicación entre servicios debe estar asegurada para evitar vulnerabilidades. La implementación de protocolos como OAuth 2.0 y JWT (JSON Web Tokens) ayuda a gestionar la autenticación y autorización en este entorno distribuido. Además, es crucial aplicar principios de defensa en profundidad, asegurando que cada capa del sistema esté protegida.

A pesar de sus muchas ventajas, la arquitectura de microservicios no es adecuada para todos los proyectos. La complejidad adicional que introduce puede ser innecesaria en aplicaciones pequeñas o que no requieren un alto grado de escalabilidad. En estos casos, una arquitectura monolítica puede ser más sencilla de implementar y mantener. Sin embargo, para aplicaciones grandes y en crecimiento, los beneficios en términos de escalabilidad, flexibilidad y resiliencia pueden superar los desafíos.

La transición de una arquitectura monolítica a una de microservicios es un proceso que debe abordarse con cuidado. No es necesario dividir toda la aplicación de una vez; en cambio, se puede adoptar un enfoque gradual, identificando componentes que se beneficien más de la independencia y migrándolos uno a uno. Este proceso, conocido como descomposición de monolitos, permite a los equipos experimentar con los microservicios y ajustar sus prácticas antes de una adopción completa.

La arquitectura de microservicios representa un cambio significativo en la forma en que se desarrollan y gestionan las aplicaciones modernas. Ofrece una solución poderosa para los desafíos de escalabilidad y flexibilidad en entornos de alta demanda, pero también requiere una gestión cuidadosa para manejar su complejidad inherente. Al comprender sus principios y aplicar las herramientas adecuadas, los desarrolladores pueden construir sistemas robustos y adaptables que respondan a las necesidades del mundo digital actual.

Autenticación y autorización en el backend

La seguridad es uno de los pilares fundamentales en el desarrollo de aplicaciones backend, y dos de los conceptos más importantes en este ámbito son la autenticación y la autorización. Aunque a menudo se usan indistintamente, estos términos describen procesos diferentes y complementarios que garantizan que solo los usuarios legítimos puedan acceder a los recursos adecuados dentro de una aplicación.

La autenticación es el proceso mediante el cual un sistema verifica la identidad de un usuario. En otras palabras, responde a la pregunta: ¿Quién eres? Este proceso suele comenzar cuando un usuario introduce sus credenciales, como un nombre de usuario y una contraseña. El backend recibe esta información y la compara con los registros almacenados en la base de datos. Si las credenciales coinciden, el sistema confirma la identidad del usuario y le permite acceder.

El método más común de autenticación es la autenticación basada en contraseñas, pero este enfoque tiene limitaciones, especialmente en términos de seguridad. Las contraseñas pueden ser débiles, reutilizadas o robadas a través de ataques como el phishing o el keylogging. Para mejorar la seguridad, muchas aplicaciones implementan métodos adicionales, como la autenticación de dos factores (2FA), que requiere un segundo medio de verificación, como un código enviado al teléfono del usuario o una aplicación de autenticación.

Otra técnica cada vez más popular es el uso de autenticación biométrica, que emplea características físicas únicas del usuario, como huellas dactilares, reconocimiento facial o escaneo de iris. Aunque estos métodos ofrecen mayor seguridad y conveniencia, también plantean desafíos relacionados con la privacidad y el almacenamiento seguro de los datos biométricos.

Con la creciente adopción de aplicaciones distribuidas y servicios basados en la nube, los sistemas modernos de autenticación a menudo dependen de protocolos estandarizados para manejar la identidad de manera segura. Uno de los más utilizados es OAuth 2.0, un protocolo de autorización que permite a las aplicaciones acceder a recursos en nombre de un usuario sin necesidad de compartir sus credenciales directamente. Aunque OAuth se enfoca en la autorización, su implementación incluye aspectos importantes de la autenticación, especialmente cuando se combina con protocolos como OpenID Connect.

OpenID Connect se construye sobre OAuth 2.0 y añade una capa de autenticación que permite a las aplicaciones verificar la identidad del usuario basándose en la autenticación realizada por un proveedor de identidad confiable, como Google o Facebook. Este enfoque simplifica el proceso para los usuarios, quienes pueden iniciar sesión en múltiples aplicaciones utilizando una sola cuenta, y reduce la necesidad de gestionar contraseñas en cada servicio.

Una vez autenticado el usuario, el sistema debe decidir qué recursos están disponibles para él, lo que nos lleva al segundo concepto clave: la autorización. La autorización responde a la pregunta: ¿Qué puedes hacer? Mientras que la autenticación verifica la identidad, la autorización determina el nivel de acceso que tiene el usuario a los recursos del sistema.

La autorización se puede gestionar de varias maneras, siendo una de las más comunes el uso de roles. Este enfoque, conocido como Control de Acceso Basado en Roles (RBAC), asigna permisos a roles específicos en lugar de a usuarios individuales. Por ejemplo, en una aplicación de gestión de proyectos, los roles podrían incluir Administrador, Gerente y Empleado, cada uno con diferentes niveles de acceso y permisos. Un Administrador podría tener acceso completo para crear, editar y eliminar proyectos, mientras que un Empleado solo podría ver y actualizar sus tareas asignadas.

Otro enfoque es el Control de Acceso Basado en Atributos (ABAC), que otorga permisos basados en atributos específicos del usuario, el recurso y el contexto de la solicitud. Por ejemplo, un sistema podría permitir que un usuario acceda a ciertos datos solo si pertenece a un departamento específico o si la solicitud se realiza durante un horario determinado. Este método ofrece mayor flexibilidad, pero también puede ser más complejo de implementar y gestionar.

En aplicaciones modernas, la combinación de autenticación y autorización suele gestionarse mediante tokens. Uno de los estándares más utilizados para este propósito es JSON Web Tokens (JWT). Un JWT es un objeto compacto y auto-contenido que incluye información sobre el usuario y sus permisos. Después de que un usuario se autentica, el servidor genera un JWT que el cliente almacena y envía con cada solicitud subsiguiente. El servidor puede verificar el token para autenticar al usuario y determinar su nivel de acceso sin necesidad de consultar la base de datos en cada solicitud.

El uso de JWT ofrece varias ventajas, como la escalabilidad y la eficiencia, especialmente en aplicaciones distribuidas o basadas en microservicios. Sin embargo, también presenta desafíos de seguridad, como la necesidad de proteger los tokens contra el robo y la suplantación de identidad. Es fundamental implementar prácticas seguras, como el uso de conexiones HTTPS, la expiración de tokens y la rotación periódica de claves de firma.

La seguridad de la autenticación y la autorización no se detiene en la implementación técnica. Es crucial adoptar un enfoque holístico que incluya políticas de gestión de contraseñas seguras, formación en concienciación sobre seguridad para los usuarios y monitoreo continuo de actividades sospechosas. Los sistemas deben estar diseñados para detectar y mitigar amenazas como intentos de acceso no autorizados, ataques de fuerza bruta y escaladas de privilegios.

Un aspecto adicional a considerar es la revocación de acceso. Los sistemas deben permitir la revocación inmediata de permisos en caso de que un usuario ya no deba tener acceso, como cuando un empleado deja la empresa o cuando se detecta una actividad sospechosa. En entornos donde se utilizan tokens, es importante contar con mecanismos para invalidar tokens comprometidos, como listas de revocación o la implementación de tokens de corta duración.

La autenticación y la autorización también juegan un papel fundamental en la protección de las APIs. Las APIs son puntos de acceso críticos que permiten la comunicación entre aplicaciones y servicios. Proteger estas interfaces es esencial para evitar el acceso no autorizado y la manipulación de datos. La autenticación basada en tokens, combinada con la autorización granular, asegura que solo los usuarios y aplicaciones legítimas puedan interactuar con las APIs de manera segura.

El desarrollo de aplicaciones seguras requiere una comprensión profunda de estos conceptos y la capacidad de implementarlos de manera efectiva. A medida que las amenazas evolucionan, también deben hacerlo las estrategias de autenticación y autorización. Adoptar estándares de la industria, mantenerse actualizado con las mejores prácticas y aplicar una mentalidad de seguridad desde el diseño son pasos esenciales para proteger las aplicaciones y los datos de los usuarios.

Gestión de dependencias y paquetes

La gestión de dependencias y paquetes es un aspecto fundamental en el desarrollo de aplicaciones backend. A medida que los proyectos crecen en complejidad, los desarrolladores recurren a bibliotecas y herramientas externas que facilitan la implementación de funcionalidades sin necesidad de reinventar la rueda. Estas bibliotecas, conocidas como dependencias, se distribuyen y gestionan a través de sistemas de gestión de paquetes, que permiten instalar, actualizar y mantener el software de manera eficiente.

Cada lenguaje de programación moderno cuenta con su propio sistema de gestión de paquetes. npm (Node Package Manager) es el gestor de paquetes más utilizado en el ecosistema de JavaScript, mientras que pip es la herramienta estándar para Python. En Java, los desarrolladores suelen usar Maven o Gradle, y en PHP, el gestor de paquetes más popular es Composer. Independientemente del lenguaje, el propósito de estas herramientas es el mismo: facilitar la incorporación de código de terceros en los proyectos y mantener las dependencias organizadas.

Uno de los aspectos clave en la gestión de dependencias es el uso de archivos de configuración que especifican qué paquetes necesita el proyecto. En Node.js, por ejemplo, este archivo es package.json, donde se definen las dependencias y sus versiones. En Python, el archivo requirements.txt cumple una función similar, mientras que en Java, el archivo pom.xml de Maven describe las dependencias y sus configuraciones. Estos archivos no solo permiten instalar rápidamente todas las dependencias en un nuevo entorno, sino que también ayudan a mantener la coherencia en el equipo de desarrollo.

La versión de las dependencias es un factor crítico que puede afectar el funcionamiento de una aplicación. Las actualizaciones de bibliotecas pueden introducir nuevas características, pero también cambios que rompen la compatibilidad con versiones anteriores. Para gestionar esto, los sistemas de gestión de paquetes permiten fijar versiones específicas o rangos de versiones. Por ejemplo, en package.json, se puede usar ^1.0.0 para indicar que se aceptan actualizaciones menores, pero no mayores, mientras que 1.0.0 fija la versión exacta.

El uso de un lockfile es otra práctica recomendada en la gestión de dependencias. Archivos como package-lock.json en npm o Pipfile.lock en Python registran las versiones exactas de todas las dependencias y sus subdependencias en el momento de la instalación. Esto garantiza que todos los desarrolladores del equipo, así como los entornos de producción, utilicen exactamente las mismas versiones de los paquetes, evitando problemas de incompatibilidad.

Otro aspecto importante es la seguridad de las dependencias. Incluir bibliotecas de terceros en un proyecto siempre conlleva riesgos, ya que pueden contener vulnerabilidades o código malicioso. Herramientas como npm audit en JavaScript o safety en Python analizan las dependencias en busca de vulnerabilidades conocidas y sugieren actualizaciones o soluciones. Además, es fundamental descargar paquetes solo de fuentes confiables y revisar las actualizaciones antes de implementarlas en producción.

La gestión de dependencias transitorias es otro desafío común. Estas son las dependencias de las dependencias que el desarrollador no instala directamente, pero que son necesarias para el funcionamiento de las bibliotecas principales. Los sistemas de gestión de paquetes manejan automáticamente estas dependencias transitorias, pero es importante monitorearlas, ya que también pueden introducir vulnerabilidades o conflictos de versión.

El uso de entornos virtuales es una práctica esencial en lenguajes como Python. Herramientas como virtualenv o venv permiten crear entornos aislados para cada proyecto, asegurando que las dependencias de un proyecto no interfieran con las de otro. Esto es especialmente útil cuando se trabaja en múltiples proyectos con diferentes requisitos de versión o cuando se desarrollan aplicaciones que deben ejecutarse en entornos específicos.

En el caso de Java, la gestión de dependencias está estrechamente vinculada con el ciclo de vida de la construcción del proyecto. Herramientas como Maven no solo gestionan las bibliotecas externas, sino que también automatizan el proceso de compilación, pruebas y empaquetado del software. Este enfoque integral simplifica la integración continua y el despliegue continuo (CI/CD), permitiendo que las aplicaciones se construyan y desplieguen de manera automatizada y consistente.

La automatización de la actualización de dependencias es otra tendencia creciente en el desarrollo de software. Herramientas como Dependabot pueden integrarse en repositorios de código como GitHub para monitorear y actualizar automáticamente las dependencias cuando se lanzan nuevas versiones. Esta automatización ayuda a mantener las bibliotecas actualizadas y seguras, aunque es importante revisar las actualizaciones antes de fusionarlas en la rama principal del proyecto.

En proyectos grandes, la gestión de dependencias puede volverse compleja, especialmente cuando diferentes partes del sistema requieren diferentes versiones de la misma biblioteca. Para abordar este problema, algunos sistemas de gestión de paquetes permiten configurar resolución de conflictos de versiones o utilizar estrategias de modularización para aislar diferentes componentes del sistema. Esto permite que cada módulo o microservicio mantenga sus propias dependencias sin interferir con el resto de la aplicación.

El almacenamiento en caché de dependencias es otra práctica que mejora la eficiencia del desarrollo. Al reutilizar paquetes descargados previamente, los sistemas de gestión de paquetes reducen el tiempo necesario para instalar dependencias en diferentes entornos. Esto es especialmente útil en entornos de integración continua, donde las aplicaciones se construyen y prueban repetidamente.

Finalmente, es importante considerar el impacto de las dependencias en el rendimiento y el tamaño de la aplicación. Incluir demasiadas bibliotecas o utilizar paquetes innecesarios puede aumentar el tamaño del proyecto y afectar el rendimiento. Es recomendable revisar periódicamente las dependencias y eliminar aquellas que no se utilizan o que pueden reemplazarse por soluciones más eficientes.

La gestión de dependencias y paquetes es un aspecto crucial del desarrollo backend que impacta en la seguridad, la eficiencia y la escalabilidad de las aplicaciones. Al comprender y aplicar las mejores prácticas en la gestión de dependencias, los desarrolladores pueden construir aplicaciones más robustas y mantener su código limpio, seguro y fácil de mantener a lo largo del tiempo.

Manejo de errores y logging

El manejo de errores y el logging son componentes esenciales en el desarrollo de aplicaciones backend. Estos procesos permiten no solo identificar y solucionar problemas durante la fase de desarrollo, sino también monitorear y mantener la estabilidad y seguridad de una aplicación en producción. Sin un sistema adecuado de manejo de errores y registro de eventos, una aplicación puede volverse difícil de mantener y depurar, afectando tanto a los usuarios finales como al equipo de desarrollo.

El manejo de errores comienza con la capacidad de detectar y gestionar las excepciones que pueden ocurrir durante la ejecución del programa. En cualquier aplicación, los errores son inevitables: pueden surgir por errores en la lógica del código, entradas no válidas del usuario, problemas de red, fallos en la base de datos o incluso condiciones imprevistas del sistema operativo. La clave está en cómo se manejan estos errores para evitar que causen fallos mayores o afecten negativamente la experiencia del usuario.

Una de las primeras estrategias para el manejo de errores es el uso de bloques try-catch. Estos bloques permiten encapsular el código que podría generar una excepción y proporcionar una respuesta adecuada en caso de que ocurra un error. Por ejemplo, al intentar acceder a un recurso externo como una API o una base de datos, es fundamental anticipar posibles fallos de conexión y manejar estas situaciones de manera controlada. En lugar de que la aplicación se detenga abruptamente, se puede mostrar un mensaje de error al usuario o reintentar la operación.

Sin embargo, capturar todas las excepciones de forma genérica no es una buena práctica. Es importante diferenciar entre errores recuperables y no recuperables. Los errores recuperables, como la falta de conexión a un servicio externo, pueden manejarse mediante reintentos automáticos o notificaciones al usuario para que intente más tarde. Los errores no recuperables, como fallos críticos en la lógica del programa o corrupción de datos, deben registrarse y notificar al equipo de desarrollo para su análisis y corrección.

El siguiente paso en un sistema robusto de manejo de errores es la propagación adecuada de excepciones. No todos los errores deben ser manejados en el lugar donde ocurren. A veces, es más adecuado permitir que la excepción se propague a una capa superior de la aplicación donde pueda manejarse de manera más centralizada. Esto es especialmente útil en arquitecturas basadas en microservicios, donde cada servicio puede tener su propio sistema de manejo de errores, pero también necesita informar a otros servicios o sistemas de monitoreo.

El manejo adecuado de errores no estaría completo sin un sistema eficaz de logging. El logging es el proceso de registrar eventos significativos durante la ejecución de la aplicación. Estos registros pueden incluir información sobre errores, advertencias, eventos informativos y depuración detallada. Un buen sistema de logging no solo ayuda a identificar la causa raíz de los problemas, sino que también proporciona una visión histórica del comportamiento de la aplicación, lo que es invaluable para el mantenimiento y la mejora continua.

La granularidad del logging es crucial. No todos los eventos necesitan el mismo nivel de detalle. Los niveles comunes de logging incluyen DEBUG, INFO, WARNING, ERROR y CRITICAL. El nivel DEBUG se utiliza para información detallada útil durante el desarrollo, mientras que INFO proporciona una visión general del funcionamiento normal de la aplicación. WARNING indica situaciones inusuales que no impiden la ejecución, pero que podrían requerir atención. ERROR se utiliza para fallos que afectan la funcionalidad, y CRITICAL señala problemas graves que pueden causar la detención de la aplicación.

El formato y la estructura de los registros también son importantes. Utilizar un formato coherente facilita la lectura y el análisis de los logs, ya sea manualmente o mediante herramientas automatizadas. Incluir información como la marca de tiempo, el nivel de severidad, el origen del mensaje y detalles contextuales sobre el estado de la aplicación ayuda a interpretar los registros de manera más efectiva.

Las herramientas de logging varían según el lenguaje de programación y el entorno. En Python, la biblioteca logging proporciona una solución flexible y configurable para registrar eventos. En JavaScript, especialmente en entornos Node.js, se utilizan bibliotecas como winston o bunyan para gestionar el logging de manera eficiente. Java cuenta con frameworks como Log4j y SLF4J que permiten una configuración avanzada de los registros.

El almacenamiento y análisis de los logs es otro aspecto fundamental. En aplicaciones pequeñas, los registros pueden almacenarse en archivos locales, pero en aplicaciones más grandes o distribuidas, es necesario utilizar soluciones más escalables. Herramientas como Elasticsearch, Logstash y Kibana (conocidas colectivamente como ELK Stack) permiten recopilar, almacenar y visualizar grandes volúmenes de logs de manera eficiente. Grafana Loki es otra opción popular para la observabilidad de logs en entornos modernos.

El logging no solo es útil para la depuración y el mantenimiento, sino que también desempeña un papel crucial en la seguridad. El registro de eventos de seguridad, como intentos de acceso no autorizados, cambios en la configuración del sistema o actividades sospechosas, permite detectar y responder rápidamente a posibles amenazas. Además, en muchos entornos regulados, el mantenimiento de registros detallados es un requisito legal para cumplir con normativas de auditoría y conformidad.

El manejo de errores y el logging también están estrechamente relacionados con el monitoreo y la alerta. Integrar los sistemas de logging con herramientas de monitoreo como Prometheus o Datadog permite generar alertas automáticas cuando se detectan patrones de error inusuales o cuando ciertos umbrales de rendimiento se superan. Esto garantiza que los problemas se detecten y se aborden rápidamente, minimizando el tiempo de inactividad y el impacto en los usuarios.

Es importante tener en cuenta la privacidad y la seguridad en el manejo de errores y el logging. Los registros no deben contener información sensible, como contraseñas, datos personales o claves de API. Implementar técnicas de anonimización y encriptación en los registros puede ayudar a proteger la información sensible y cumplir con las regulaciones de privacidad de datos.

Finalmente, la automatización en el manejo de errores y el logging puede mejorar significativamente la eficiencia del equipo de desarrollo. Configurar flujos de trabajo que analicen automáticamente los registros en busca de patrones comunes de errores, o que sugieran soluciones basadas en problemas anteriores, puede acelerar la resolución de problemas y mejorar la calidad del software.

El manejo de errores y el logging no son simplemente tareas técnicas; son prácticas fundamentales que garantizan la estabilidad, la seguridad y la eficiencia de las aplicaciones backend. Al implementar estrategias robustas en estos ámbitos, los desarrolladores no solo pueden resolver problemas de manera más efectiva, sino también prevenir futuros errores y mejorar continuamente la calidad del software.

Creación de pruebas unitarias y de integración

La creación de pruebas unitarias y de integración es un componente esencial en el desarrollo de aplicaciones backend. Estas pruebas garantizan que el software funcione como se espera, ayudan a identificar errores en etapas tempranas del desarrollo y facilitan el mantenimiento del código a largo plazo. Sin pruebas adecuadas, cualquier cambio en el código puede introducir errores inesperados que podrían afectar la funcionalidad del sistema completo. Por ello, dominar las técnicas de pruebas unitarias y de integración es fundamental para cualquier desarrollador backend.

Las pruebas unitarias se centran en evaluar componentes individuales del código, como funciones, métodos o clases, de forma aislada. El objetivo es verificar que cada unidad de código se comporta correctamente bajo diferentes condiciones. Para lograr esto, se simulan entradas y se comprueban las salidas esperadas, asegurando que la lógica interna de cada unidad es correcta. Por ejemplo, si se desarrolla una función que suma dos números, una prueba unitaria verificará que la función devuelve el resultado correcto para diferentes combinaciones de entradas. Estas pruebas son rápidas de ejecutar y proporcionan una retroalimentación inmediata, lo que facilita la detección de errores en las primeras etapas del desarrollo.

Las pruebas unitarias requieren la creación de un entorno controlado donde se aíslen las dependencias externas. Para ello, se utilizan técnicas como el uso de objetos simulados o mocks, que permiten imitar el comportamiento de componentes externos como bases de datos, servicios web o archivos. De esta manera, las pruebas se centran exclusivamente en la lógica interna del código, sin verse afectadas por factores externos que podrían introducir variabilidad en los resultados.

Las pruebas de integración, por otro lado, se enfocan en verificar cómo interactúan entre sí los diferentes componentes de la aplicación. Mientras que las pruebas unitarias evalúan partes individuales del código, las pruebas de integración aseguran que estos componentes funcionen correctamente cuando se combinan. Por ejemplo, una prueba de integración podría verificar que una función que obtiene datos de una API externa y los almacena en una base de datos realiza ambas operaciones correctamente. Estas pruebas son fundamentales para identificar problemas que pueden surgir debido a la interacción entre diferentes partes del sistema, como errores en la comunicación entre servicios o incompatibilidades en el formato de los datos.

El desarrollo de pruebas efectivas requiere el uso de frameworks de pruebas adecuados para el lenguaje de programación utilizado. En

JavaScript, frameworks como Jest o Mocha son ampliamente utilizados para la creación de pruebas unitarias y de integración. En Python, herramientas como PyTest y unittest ofrecen funcionalidades similares, mientras que en Java, JUnit es el estándar de facto para la creación de pruebas. Estos frameworks proporcionan estructuras y utilidades que facilitan la escritura, ejecución y gestión de las pruebas, permitiendo a los desarrolladores centrarse en la lógica de las pruebas en lugar de en los detalles técnicos de su implementación.

Una práctica común en el desarrollo de pruebas es el uso del enfoque TDD, o Desarrollo Guiado por Pruebas. En TDD, los desarrolladores escriben primero las pruebas para una funcionalidad antes de escribir el código que la implementa. Este enfoque garantiza que el código desarrollado cumple con los requisitos desde el principio y promueve un diseño más limpio y modular. Las pruebas fallarán inicialmente, ya que la funcionalidad aún no está implementada, pero una vez que el código cumple con los criterios definidos por las pruebas, estas pasarán, proporcionando una confirmación inmediata de que el desarrollo está en la dirección correcta.

El mantenimiento de las pruebas es tan importante como el mantenimiento del propio código. A medida que la aplicación evoluciona, las pruebas deben actualizarse para reflejar los cambios en la lógica y los requisitos del negocio. Las pruebas obsoletas o incorrectas pueden dar una falsa sensación de seguridad, ocultando errores que podrían afectar el funcionamiento de la aplicación. Por esta razón, es esencial revisar y actualizar regularmente las pruebas para garantizar que siguen siendo relevantes y efectivas.

La cobertura de pruebas es otro aspecto crucial en la creación de pruebas unitarias y de integración. La cobertura de pruebas mide qué porcentaje del código ha sido ejecutado durante la ejecución de las pruebas. Herramientas como Istanbul para JavaScript o Coverage.py para Python permiten generar informes detallados sobre la cobertura de pruebas, identificando qué partes del código no están siendo probadas. Aunque una alta cobertura de pruebas es deseable, no garantiza por sí sola la calidad del software. Es igualmente importante asegurarse de que las pruebas cubran no solo el código, sino también los diferentes escenarios y casos de uso que la aplicación pueda encontrar en el mundo real.

La automatización de las pruebas es fundamental para integrar las pruebas en el flujo de trabajo de desarrollo. La integración continua (CI) permite ejecutar las pruebas automáticamente cada vez que se realiza un cambio en el código, asegurando que las nuevas modificaciones no introducen errores. Herramientas como Jenkins, Travis CI o GitHub Actions facilitan la automatización del proceso de pruebas, integrando la ejecución de pruebas en el ciclo de desarrollo y despliegue de la aplicación. Esto no solo mejora la calidad del software, sino que también acelera el proceso de desarrollo al proporcionar una retroalimentación rápida sobre el estado del código.

Además de las pruebas unitarias y de integración, existen otros tipos de pruebas que complementan la estrategia de pruebas general. Las pruebas de sistema verifican que toda la aplicación funciona como un todo, mientras que las pruebas de aceptación se centran en verificar que la aplicación cumple con los requisitos del cliente o usuario final. Las pruebas de rendimiento, por otro lado, evalúan cómo se comporta la aplicación bajo carga, asegurando que puede manejar el volumen de tráfico esperado sin degradar su rendimiento.

El desarrollo de una cultura de pruebas en el equipo es fundamental para garantizar la calidad del software. Fomentar la adopción de buenas prácticas de pruebas, como el TDD, la automatización y la revisión continua de las pruebas, contribuye a la creación de aplicaciones más robustas y confiables. Además, la colaboración entre desarrolladores, testers y otros miembros del equipo de desarrollo asegura que las pruebas cubren todos los aspectos relevantes de la aplicación y que se abordan tanto los requisitos funcionales como los no funcionales.

La creación de pruebas unitarias y de integración no solo mejora la calidad del software, sino que también proporciona una base sólida para el desarrollo ágil y la entrega continua de software. Al invertir tiempo y recursos en el desarrollo de pruebas efectivas, los equipos de desarrollo pueden reducir significativamente los errores, mejorar la estabilidad de las aplicaciones y responder de manera más ágil a los cambios en los requisitos del negocio.

Contenedores y virtualización con Docker

La virtualización ha sido una piedra angular en la evolución de la infraestructura tecnológica, permitiendo a los desarrolladores y administradores de sistemas ejecutar múltiples entornos aislados en el mismo hardware físico. Sin embargo, la llegada de los contenedores, y en particular de Docker, ha transformado la forma en que las aplicaciones se desarrollan, despliegan y gestionan, ofreciendo una alternativa más ligera y eficiente a la virtualización tradicional. Docker ha simplificado el proceso de empaquetar aplicaciones con todas sus dependencias, asegurando que funcionen de manera consistente en cualquier entorno, ya sea en el equipo de desarrollo, en servidores de pruebas o en producción.

A diferencia de las máquinas virtuales, que requieren un sistema operativo completo para cada instancia, los contenedores comparten el mismo núcleo del sistema operativo del host y solo aíslan las aplicaciones y sus dependencias. Esto reduce significativamente el uso de recursos, como la memoria y el almacenamiento, permitiendo iniciar y detener contenedores en cuestión de segundos. Esta ligereza y rapidez hacen que los contenedores sean ideales para entornos de desarrollo ágil, integración continua y despliegue continuo, donde la velocidad y la consistencia son cruciales.

Docker, como la plataforma líder en la gestión de contenedores, proporciona herramientas para crear, distribuir y ejecutar contenedores de manera eficiente. El concepto central de Docker es la imagen, un paquete inmutable que contiene el código de la aplicación, las bibliotecas necesarias, herramientas del sistema y configuraciones. Las imágenes se construyen a partir de un archivo llamado Dockerfile, donde se especifican los pasos para configurar el entorno de la aplicación, como la instalación de dependencias o la configuración de variables de entorno. Una vez creada, la imagen se puede ejecutar en cualquier máquina que tenga Docker instalado, eliminando los problemas de compatibilidad entre entornos.

La ejecución de una imagen en Docker crea un contenedor, que es una instancia en funcionamiento de esa imagen. Los contenedores son efímeros por naturaleza; están diseñados para ser creados, ejecutados y eliminados fácilmente. Sin embargo, es posible mantener datos persistentes utilizando volúmenes de Docker, que permiten almacenar datos fuera del ciclo de vida del contenedor, asegurando que la información no se pierda cuando el contenedor se detiene o elimina. Esta característica es especialmente útil en aplicaciones que manejan bases de datos o archivos que deben conservarse entre sesiones.

Otro aspecto importante de Docker es su ecosistema de herramientas y servicios que facilitan la gestión de contenedores en diferentes entornos. Docker Compose es una de estas herramientas, que permite definir y gestionar aplicaciones multicontenedor utilizando un archivo YAML. Con Docker Compose, es posible orquestar múltiples servicios, como una aplicación web, una base de datos y un sistema de caché, configurando redes y volúmenes compartidos entre ellos. Esto simplifica el desarrollo y las pruebas de aplicaciones complejas que dependen de múltiples componentes.

La distribución de imágenes de Docker se facilita a través de registros de contenedores, siendo Docker Hub el registro público más popular. Los registros permiten almacenar y compartir imágenes de contenedores, facilitando la colaboración entre equipos y la implementación de aplicaciones en diferentes entornos. Las organizaciones pueden optar por registros privados para mantener la seguridad y el control sobre sus imágenes. La capacidad de versionar imágenes también permite a los desarrolladores realizar un seguimiento de los cambios y revertir a versiones anteriores si es necesario.

La seguridad en Docker es un aspecto crítico, dado que los contenedores comparten el núcleo del sistema operativo. Es esencial seguir buenas prácticas de seguridad, como ejecutar contenedores con los menores privilegios posibles, mantener las imágenes actualizadas y escanear regularmente en busca de vulnerabilidades. Docker proporciona herramientas para gestionar la seguridad, incluyendo la capacidad de firmar y verificar la integridad de las imágenes mediante Docker Content Trust.

El uso de Docker también ha impulsado la adopción de arquitecturas basadas en microservicios, donde las aplicaciones se dividen en servicios pequeños e independientes que se comunican entre sí. Cada microservicio se ejecuta en su propio contenedor, lo que facilita su despliegue, escalado y mantenimiento de forma independiente. Esta modularidad permite a los equipos de desarrollo trabajar en diferentes partes de la aplicación sin interferir entre sí, acelerando el ciclo de desarrollo y mejorando la resiliencia del sistema.

La integración de Docker en pipelines de integración y despliegue continuo ha transformado la forma en que se entrega el software. Las aplicaciones empaquetadas en contenedores pueden ser probadas automáticamente en entornos controlados antes de ser desplegadas en producción. Esta automatización reduce el riesgo de errores y asegura que el software funcione como se espera en diferentes etapas del ciclo de vida del desarrollo. Herramientas como Jenkins, GitLab CI y CircleCI ofrecen soporte integrado para Docker, permitiendo construir, probar y desplegar contenedores como parte del flujo de trabajo de desarrollo.

El impacto de Docker en la portabilidad de las aplicaciones no puede subestimarse. Al eliminar las diferencias entre entornos de desarrollo, pruebas y producción, Docker ha facilitado la creación de aplicaciones que pueden ejecutarse en cualquier lugar, desde servidores locales hasta la nube. Esta portabilidad es especialmente valiosa en entornos multinube o híbridos, donde las aplicaciones deben moverse sin problemas entre diferentes proveedores de infraestructura.

Docker también ha mejorado la eficiencia en la utilización de recursos, permitiendo ejecutar múltiples aplicaciones en el mismo servidor sin la sobrecarga de las máquinas virtuales tradicionales. Esto no solo reduce los costos de infraestructura, sino que también mejora la velocidad de arranque y la capacidad de respuesta de las aplicaciones. La capacidad de escalar rápidamente los contenedores en función de la demanda permite a las organizaciones responder ágilmente a las necesidades del mercado.

La comunidad de Docker y el soporte del ecosistema han contribuido significativamente a su adopción generalizada. Con una vasta cantidad de imágenes disponibles en Docker Hub y una documentación extensa, los desarrolladores tienen acceso a recursos que facilitan el aprendizaje y la implementación de Docker en sus proyectos. La colaboración en la comunidad ha impulsado el desarrollo de herramientas complementarias y la integración de Docker con tecnologías emergentes.

Docker ha transformado el panorama del desarrollo y la operación de aplicaciones, ofreciendo una solución eficiente y flexible para la virtualización a nivel de contenedor. Su capacidad para simplificar la entrega de software, mejorar la portabilidad y optimizar el uso de recursos ha hecho de Docker una herramienta indispensable en el arsenal de cualquier desarrollador backend. A medida que la tecnología evoluciona, el papel de Docker en la creación de entornos de desarrollo y despliegue modernos seguirá siendo fundamental, impulsando la innovación y la agilidad en la industria del software.

Introducción a Kubernetes para backend developers

Kubernetes se ha convertido en una herramienta fundamental en el desarrollo backend moderno, especialmente en entornos donde la escalabilidad, la automatización y la gestión eficiente de aplicaciones distribuidas son prioritarias. Desarrollado originalmente por Google y ahora mantenido por la Cloud Native Computing Foundation, Kubernetes es un sistema de orquestación de contenedores que automatiza el despliegue, la gestión y la escalabilidad de aplicaciones. Para los desarrolladores backend, entender cómo funciona Kubernetes no solo facilita la implementación de aplicaciones complejas, sino que también optimiza el rendimiento y la disponibilidad de los servicios.

El auge de los contenedores, liderado por tecnologías como Docker, cambió la forma en que se desarrollan, empaquetan y despliegan las aplicaciones. Los contenedores permiten encapsular una aplicación junto con todas sus dependencias en un entorno portátil y consistente. Sin embargo, a medida que las aplicaciones crecen y se distribuyen en múltiples contenedores y servidores, la gestión manual de estos contenedores se vuelve compleja. Aquí es donde Kubernetes entra en juego, proporcionando una solución automatizada para la orquestación de estos contenedores en clústeres de servidores.

Un concepto clave en Kubernetes es el de los pods. Un pod es la unidad más pequeña de implementación en Kubernetes y puede contener uno o varios contenedores que comparten el mismo espacio de red y almacenamiento. Aunque un solo contenedor por pod es el caso más común, en algunos escenarios es útil tener múltiples contenedores en un pod, especialmente cuando estos necesitan comunicarse de manera eficiente o compartir datos. Los pods son efímeros por naturaleza; pueden morir y ser reemplazados automáticamente por nuevos pods según las necesidades de la aplicación o las condiciones del sistema.

La gestión de estos pods se realiza mediante objetos llamados deployments. Un deployment describe el estado deseado de una aplicación, como el número de réplicas de un pod que deben estar en ejecución. Kubernetes se encarga de asegurar que el estado actual coincida con el estado deseado, creando o eliminando pods según sea necesario. Esto permite a los desarrolladores backend enfocarse en la lógica de la aplicación, mientras Kubernetes se encarga de la infraestructura subyacente.

Otro componente fundamental en Kubernetes es el servicio, que proporciona una forma estable de acceder a los pods. Dado que los pods son dinámicos y sus direcciones IP pueden cambiar, los servicios actúan como una capa de abstracción que permite acceder a la aplicación a través de un nombre DNS constante. Esto es crucial para la comunicación entre diferentes partes de una aplicación distribuida, como microservicios, y para exponer la aplicación al exterior de manera segura y controlada.

La escalabilidad es uno de los mayores beneficios de Kubernetes. Con unas pocas líneas de configuración, es posible escalar una aplicación hacia arriba o hacia abajo, ajustando automáticamente el número de réplicas de los pods en función de la carga del sistema. Kubernetes también soporta el escalado automático basado en métricas como el uso de la CPU o la memoria, lo que permite a las aplicaciones responder de manera dinámica a los cambios en la demanda sin intervención manual.

La resiliencia y la alta disponibilidad son características integradas en Kubernetes. Si un pod o un nodo falla, Kubernetes detecta el problema y reemplaza automáticamente el pod o reubica la carga en otros nodos disponibles. Esto asegura que las aplicaciones permanezcan disponibles incluso en caso de fallos de hardware o software. Además, Kubernetes permite definir políticas de tolerancia a fallos y afinidad, controlando cómo y dónde se ejecutan los pods dentro del clúster para optimizar la distribución de la carga y minimizar el impacto de los fallos.

El almacenamiento en Kubernetes es flexible y extensible. Los volúmenes permiten a los contenedores persistir datos más allá de la vida de un pod, lo que es esencial para aplicaciones que manejan datos críticos o que necesitan compartir información entre diferentes instancias. Kubernetes soporta una amplia variedad de soluciones de almacenamiento, desde discos locales hasta servicios de almacenamiento en la nube como Amazon EBS o Google Persistent Disks. La gestión de volúmenes es automática y se integra fácilmente con las aplicaciones, proporcionando un almacenamiento confiable y escalable.

La configuración y el manejo de secretos en Kubernetes se realizan mediante ConfigMaps y Secrets. ConfigMaps permiten almacenar configuraciones no sensibles, como variables de entorno o archivos de configuración, mientras que Secrets gestionan información confidencial como contraseñas o claves API. Estos recursos se inyectan en los contenedores de manera segura, permitiendo que las aplicaciones accedan a la configuración y los secretos sin necesidad de incluirlos en el código fuente o en las imágenes de los contenedores.

La seguridad en Kubernetes es un aspecto crítico y se aborda desde múltiples ángulos. El control de acceso basado en roles (RBAC) permite definir quién puede hacer qué dentro del clúster, proporcionando un control granular sobre las acciones de los usuarios y los servicios. Además, Kubernetes soporta la autenticación y autorización integradas, así como el cifrado de la comunicación entre los componentes del clúster. El uso de políticas de red permite controlar el tráfico entre los pods, limitando el acceso solo a las conexiones necesarias y reduciendo la superficie de ataque.

La observabilidad es otro aspecto clave en Kubernetes. Herramientas como Prometheus y Grafana permiten monitorear el estado del clúster y las aplicaciones, proporcionando métricas detalladas y visualizaciones en tiempo real. Los registros centralizados, mediante soluciones como Elasticsearch, Logstash y Kibana (ELK Stack), facilitan la recopilación y el análisis de logs de múltiples contenedores y nodos. Esto no solo ayuda en la detección y resolución de problemas, sino que también proporciona información valiosa para la optimización del rendimiento y la planificación de la capacidad.

El despliegue continuo y la integración continua (CI/CD) se integran de manera natural con Kubernetes. Herramientas como Jenkins, GitLab CI o Argo CD permiten automatizar el ciclo de vida de las aplicaciones, desde la construcción y prueba del código hasta su despliegue en el clúster. Los desarrolladores pueden implementar cambios en producción de manera rápida y segura, con la capacidad de revertir fácilmente a versiones anteriores si se detectan problemas.

Kubernetes es una herramienta poderosa que transforma la manera en que se desarrollan y gestionan las aplicaciones backend. Su capacidad para automatizar la orquestación de contenedores, escalar aplicaciones de manera eficiente y garantizar la resiliencia y la seguridad hace que sea una elección ideal para entornos modernos y dinámicos. Para los desarrolladores backend, aprender a trabajar con Kubernetes no solo amplía sus habilidades técnicas, sino que también les permite construir aplicaciones más robustas, escalables y preparadas para el futuro.

Buenas prácticas de diseño de APIs

El diseño de APIs es una parte fundamental en el desarrollo de aplicaciones backend modernas. Las APIs permiten la comunicación entre diferentes sistemas, aplicaciones y servicios, actuando como puentes que facilitan el intercambio de datos y funcionalidades. Un buen diseño de API no solo garantiza que las aplicaciones funcionen de manera eficiente, sino que también mejora la experiencia de los desarrolladores que interactúan con ella. Para lograr esto, es crucial seguir un conjunto de buenas prácticas que aseguren la consistencia, la escalabilidad y la seguridad de la API.

El primer paso para diseñar una API efectiva es definir claramente su propósito y sus usuarios objetivos. Comprender qué necesidades resolverá la API y quiénes la utilizarán permite establecer un diseño centrado en el usuario que sea intuitivo y fácil de usar. Esto implica definir los recursos que la API expondrá y cómo estos recursos estarán estructurados. Los recursos deben representarse de manera coherente y predecible, utilizando convenciones claras que faciliten su comprensión. Por ejemplo, si se está diseñando una API para una tienda en línea, los recursos podrían incluir productos, categorías, pedidos y usuarios.

La consistencia en la estructura de las URLs es esencial para un buen diseño de API. Las APIs RESTful, que son las más comunes, utilizan URLs que representan recursos y sus relaciones. Es recomendable utilizar sustantivos en plural para los nombres de los recursos y seguir una estructura jerárquica clara. Por ejemplo, para acceder a la lista de productos, la URL podría ser /api/productos, mientras que para acceder a un producto específico, la URL sería /api/productos/{id}. Esta consistencia facilita a los desarrolladores entender la estructura de la API sin necesidad de una documentación exhaustiva.

El uso adecuado de los métodos HTTP también es una parte fundamental del diseño de APIs. Los métodos HTTP, como GET, POST, PUT, PATCH y DELETE, deben utilizarse de manera semántica para reflejar las operaciones que se están realizando sobre los recursos. GET se utiliza para obtener datos, POST para crear nuevos recursos, PUT para actualizar recursos existentes de manera completa, PATCH para actualizaciones parciales y DELETE para eliminar recursos. Utilizar estos métodos de forma coherente ayuda a que la API sea más intuitiva y fácil de mantener.

Otro aspecto crucial es el manejo de los códigos de estado HTTP. Estos códigos proporcionan información sobre el resultado de las solicitudes y ayudan a los desarrolladores a entender qué ha sucedido. Es importante utilizar los códigos de estado de manera adecuada y coherente. Por ejemplo, un código 200 indica que la solicitud fue exitosa, 201 indica que un recurso fue creado, 204 significa que la solicitud fue exitosa pero no hay contenido que devolver, 400 indica una solicitud incorrecta, 401 una falta de autenticación y 404 que el recurso no fue encontrado. Utilizar estos códigos de manera adecuada mejora la comunicación entre el cliente y el servidor y facilita la depuración de errores.

La documentación clara y accesible es una de las mejores prácticas más importantes en el diseño de APIs. Una API bien diseñada debe ser fácil de entender y utilizar, incluso para los desarrolladores que no participaron en su creación. La documentación debe incluir información sobre los endpoints disponibles, los métodos HTTP que soportan, los parámetros que aceptan y los formatos de las respuestas. Herramientas como Swagger, ahora conocido como OpenAPI, permiten generar documentación interactiva que facilita a los desarrolladores explorar y probar la API directamente desde el navegador.

El versionado de la API es esencial para mantener la compatibilidad a lo largo del tiempo. A medida que la API evoluciona y se introducen nuevas funcionalidades o cambios en los datos, es importante evitar que estos cambios afecten a los clientes existentes. El versionado permite mantener múltiples versiones de la API, asegurando que las aplicaciones que dependen de versiones anteriores sigan funcionando correctamente. El versionado se puede implementar de diferentes maneras, como incluir el número de versión en la URL (por ejemplo, /api/v1/productos) o en los encabezados de las solicitudes.

La seguridad es otro aspecto fundamental en el diseño de APIs. Dado que las APIs a menudo manejan datos sensibles, es crucial implementar mecanismos de autenticación y autorización robustos. Los estándares como OAuth 2.0 y JWT (JSON Web Tokens) proporcionan formas seguras y escalables de gestionar la autenticación y la autorización. Además, es importante utilizar HTTPS para cifrar las comunicaciones y proteger los datos en tránsito. La validación de entradas también es esencial para prevenir ataques comunes, como la inyección SQL o el Cross-Site Scripting (XSS).

El manejo de errores debe ser claro y consistente. Las respuestas de error deben incluir información suficiente para que los desarrolladores puedan entender y solucionar el problema. Esto incluye un código de estado HTTP adecuado, un mensaje de error descriptivo y, si es posible, detalles adicionales que ayuden a identificar la causa del error. Por ejemplo, si un usuario intenta crear un recurso con datos incompletos, la API debería devolver un código 400 junto con un mensaje que indique qué campos faltan o son incorrectos.

La optimización del rendimiento es otro aspecto clave en el diseño de APIs. Las APIs deben ser rápidas y eficientes para proporcionar una buena experiencia al usuario. Esto se puede lograr mediante técnicas como la paginación, la compresión de respuestas y el uso de cachés. La paginación permite dividir grandes conjuntos de datos en partes más pequeñas y manejables, mejorando el tiempo de respuesta y reduciendo la carga en el servidor. La compresión de respuestas, utilizando formatos como GZIP, reduce el tamaño de los datos transmitidos, acelerando las transferencias. El uso de cabeceras de caché adecuadas permite almacenar respuestas en el cliente o en servidores intermedios, reduciendo la necesidad de solicitudes repetidas al servidor.

La escalabilidad es otro factor importante a considerar en el diseño de APIs. Las aplicaciones modernas deben ser capaces de manejar un aumento en la cantidad de usuarios y datos sin degradar el rendimiento. Diseñar la API para que sea escalable implica estructurarla de manera que pueda manejar múltiples solicitudes simultáneas de manera eficiente. Esto puede incluir el uso de balanceadores de carga, la distribución de los servicios en microservicios y la optimización de las consultas a la base de datos.

El diseño centrado en el desarrollador es una filosofía que coloca la experiencia del desarrollador en el centro del proceso de diseño de la API. Esto implica crear APIs que sean intuitivas, fáciles de usar y bien documentadas. Proporcionar ejemplos claros, herramientas de prueba y soporte activo mejora la adopción de la API y facilita su integración en diferentes aplicaciones. La simplicidad y la consistencia en el diseño hacen que los desarrolladores puedan entender y utilizar la API rápidamente, reduciendo la curva de aprendizaje y mejorando la productividad.

Un buen diseño de API no es solo una cuestión técnica, sino también una cuestión de comunicación y colaboración. Involucrar a los usuarios de la API en el proceso de diseño, recoger sus comentarios y ajustar el diseño en función de sus necesidades ayuda a crear una API que realmente resuelva los problemas para los que fue diseñada. El diseño iterativo y basado en el feedback permite mejorar la API de manera continua, asegurando que se mantenga relevante y útil a lo largo del tiempo.

El diseño de APIs es una disciplina compleja que requiere atención a múltiples aspectos, desde la estructura de las URLs hasta la seguridad y el rendimiento. Seguir buenas prácticas en el diseño de APIs no solo mejora la calidad del software, sino que también facilita su mantenimiento y escalabilidad a largo plazo. Una API bien diseñada es intuitiva, segura, eficiente y fácil de mantener, lo que la convierte en un componente esencial en el desarrollo de aplicaciones backend modernas.

Optimización de rendimiento y caching

La optimización del rendimiento en aplicaciones backend es fundamental para garantizar que las aplicaciones sean rápidas, eficientes y escalables. Un backend bien optimizado no solo mejora la experiencia del usuario final, sino que también reduce la carga en los servidores y minimiza los costos operativos. A medida que las aplicaciones crecen en complejidad y manejan volúmenes mayores de datos y tráfico, implementar estrategias efectivas de optimización se convierte en una necesidad ineludible.

El primer paso para optimizar el rendimiento es identificar los cuellos de botella en la aplicación. Estos pueden estar en la lógica del código, en la interacción con la base de datos, en las llamadas a APIs externas o en la gestión de recursos del servidor. Herramientas de monitoreo y perfiles de rendimiento son esenciales para obtener una visión clara de dónde se producen las demoras. Una vez identificados estos puntos críticos, se pueden aplicar diversas técnicas para mejorar la eficiencia.

Uno de los aspectos más críticos en la optimización del backend es la gestión de la base de datos. Las consultas ineficientes o mal diseñadas pueden ralentizar significativamente una aplicación. Optimizar las consultas SQL, utilizar índices de manera adecuada y evitar operaciones complejas innecesarias son pasos fundamentales para mejorar el rendimiento. El uso de técnicas de normalización y desnormalización, dependiendo de las necesidades específicas del sistema, también puede influir en la velocidad de las operaciones. Además, el monitoreo continuo del rendimiento de la base de datos permite identificar patrones de uso que pueden guiar futuras optimizaciones.

El caching es una de las técnicas más efectivas para mejorar el rendimiento en aplicaciones backend. Al almacenar temporalmente los datos más utilizados en una memoria rápida, como la RAM, se puede reducir el número de veces que la aplicación necesita acceder a la base de datos o recalcular información. Esto no solo mejora la velocidad de respuesta, sino que también disminuye la carga en los recursos del servidor. Existen diferentes niveles de caching que se pueden implementar, desde el caching a nivel de aplicación hasta el caching distribuido.

El caching a nivel de aplicación implica almacenar datos en la memoria del servidor donde se ejecuta la aplicación. Esto es útil para datos que cambian con poca frecuencia y que se utilizan repetidamente, como configuraciones o resultados de cálculos complejos. Sin embargo, en aplicaciones escaladas horizontalmente, donde múltiples instancias de la aplicación están en ejecución, el caching distribuido se convierte en una opción más efectiva. Herramientas como Redis y Memcached permiten compartir datos en caché entre diferentes instancias, asegurando que todos los servidores tengan acceso a la misma información rápidamente.

Otra técnica importante es el caching a nivel de base de datos, que implica el uso de consultas almacenadas o la caché de resultados de consultas para acelerar el acceso a datos frecuentemente solicitados. Además, el caching de contenido en el lado del cliente y el uso de redes de distribución de contenido (CDNs) pueden reducir significativamente el tiempo de carga de los recursos estáticos, mejorando la experiencia del usuario.

La compresión de datos es otra estrategia clave para optimizar el rendimiento. Al reducir el tamaño de los datos que se envían entre el servidor y el cliente, se disminuye el tiempo de transferencia y se mejora la velocidad de carga. Protocolos como GZIP permiten comprimir las respuestas del servidor antes de enviarlas al cliente, lo que es especialmente útil para aplicaciones que manejan grandes volúmenes de datos o archivos pesados.

La optimización del rendimiento también implica una gestión eficiente de los recursos del servidor. Esto incluye el uso adecuado de la memoria, la optimización del uso de la CPU y la gestión de hilos y procesos. El uso de técnicas de programación asíncrona y la implementación de colas de tareas pueden ayudar a manejar múltiples solicitudes de manera eficiente, evitando bloqueos y mejorando la capacidad de respuesta de la aplicación.

El escalado horizontal y vertical es otra consideración importante en la optimización del rendimiento. El escalado vertical implica aumentar los recursos de un solo servidor, como añadir más memoria o CPU, mientras que el escalado horizontal implica añadir más servidores para distribuir la carga. Kubernetes y otras herramientas de orquestación de contenedores facilitan el escalado horizontal, permitiendo a las aplicaciones manejar grandes volúmenes de tráfico de manera eficiente.

El monitoreo y la observabilidad son componentes esenciales para mantener y mejorar el rendimiento de una aplicación backend. Herramientas como Prometheus, Grafana y ELK Stack permiten monitorear métricas clave, analizar registros y obtener una visión detallada del comportamiento de la aplicación en tiempo real. Estos datos no solo ayudan a identificar problemas de rendimiento, sino que también proporcionan información valiosa para la planificación de la capacidad y la optimización continua.

El uso de pruebas de carga y estrés es fundamental para evaluar el rendimiento de una aplicación bajo diferentes condiciones. Estas pruebas simulan diferentes volúmenes de tráfico y patrones de uso para identificar cómo responde la aplicación bajo presión. Herramientas como Apache JMeter y Gatling permiten realizar pruebas de rendimiento exhaustivas, ayudando a identificar cuellos de botella y puntos de fallo antes de que afecten a los usuarios finales.

La optimización del rendimiento y el caching son procesos continuos que requieren una atención constante y una adaptación a las necesidades cambiantes de la aplicación y los usuarios. A medida que la tecnología y los patrones de uso evolucionan, las estrategias de optimización deben ajustarse para mantener la eficiencia y la escalabilidad. Implementar prácticas de desarrollo y despliegue que incluyan la optimización como parte integral del ciclo de vida del software garantiza aplicaciones robustas y de alto rendimiento.

Técnicas de seguridad para aplicaciones backend

La seguridad en el desarrollo de aplicaciones backend es un aspecto crítico que no debe subestimarse. A medida que las aplicaciones se vuelven más complejas y manejan volúmenes crecientes de datos sensibles, el riesgo de ataques cibernéticos y brechas de seguridad también aumenta. Por lo tanto, los desarrolladores backend deben adoptar prácticas y técnicas de seguridad sólidas para proteger tanto la integridad de la aplicación como la confidencialidad de los datos de los usuarios.

Uno de los primeros pasos para asegurar una aplicación backend es la autenticación y autorización adecuadas de los usuarios. La autenticación verifica la identidad del usuario, mientras que la autorización determina a qué recursos o funcionalidades puede acceder. Utilizar protocolos robustos como OAuth 2.0 para la autorización y OpenID Connect para la autenticación garantiza que solo los usuarios legítimos puedan interactuar con la aplicación. Además, implementar la autenticación multifactor (MFA) agrega una capa adicional de seguridad, haciendo que sea más difícil para los atacantes comprometer las cuentas, incluso si logran obtener las credenciales del usuario.

El manejo seguro de las contraseñas es otra técnica fundamental. Las contraseñas nunca deben almacenarse en texto plano; en su lugar, deben ser cifradas utilizando algoritmos de hash seguros como bcrypt, scrypt o Argon2. Estos algoritmos están diseñados para ser lentos y resistentes a ataques de fuerza bruta. Además, agregar un salt único a cada contraseña antes de aplicar el hash protege contra ataques de tablas arcoíris, que utilizan bases de datos precomputadas para descifrar contraseñas.

La protección contra ataques de inyección, como la inyección SQL, es esencial para cualquier aplicación que interactúe con una base de datos. Estos ataques ocurren cuando un atacante inserta código malicioso en una consulta SQL, lo que puede permitir el acceso no autorizado a los datos o incluso la manipulación de la base de datos. Para prevenir estos ataques, se deben utilizar consultas preparadas y declaraciones parametrizadas en lugar de concatenar directamente las entradas del usuario en las consultas SQL. Además, es importante validar y sanear todas las entradas del usuario, asegurándose de que cumplen con los formatos esperados antes de procesarlas.

El cifrado de datos es otra técnica crucial para proteger la información sensible tanto en tránsito como en reposo. Utilizar protocolos de cifrado como TLS (Transport Layer Security) asegura que los datos transmitidos entre el cliente y el servidor no puedan ser interceptados o manipulados por terceros. Además, los datos sensibles almacenados en la base de datos deben cifrarse utilizando algoritmos de cifrado robustos como AES-256. Esto garantiza que, incluso si un atacante logra acceder a la base de datos, los datos no puedan ser leídos sin la clave de cifrado adecuada.

El manejo de sesiones también debe implementarse de manera segura. Las sesiones de usuario deben identificarse mediante tokens seguros que sean difíciles de predecir o manipular. El uso de JSON Web Tokens (JWT) es una práctica común en aplicaciones modernas, ya que permite la gestión de sesiones sin necesidad de almacenamiento en el servidor. Sin embargo, los tokens JWT deben firmarse y cifrarse adecuadamente para prevenir la falsificación y la manipulación. Además, es importante establecer tiempos de expiración para los tokens y permitir la revocación de sesiones comprometidas.

La protección contra ataques de Cross-Site Scripting (XSS) y Cross-Site Request Forgery (CSRF) también es fundamental. Los ataques XSS permiten a los atacantes inyectar scripts maliciosos en las páginas web vistas por otros usuarios, lo que puede conducir al robo de información sensible o a la ejecución de acciones no autorizadas. Para mitigar estos riesgos, es necesario sanear y escapar adecuadamente las entradas del usuario antes de mostrarlas en la interfaz. Por otro lado, los ataques CSRF explotan la confianza de una aplicación en la autenticidad de las solicitudes recibidas. Implementar tokens CSRF únicos y verificar su validez en cada solicitud ayuda a prevenir estos ataques.

La configuración segura del servidor y la infraestructura también es clave para proteger las aplicaciones backend. Mantener el software y las dependencias actualizadas garantiza que las vulnerabilidades conocidas sean parcheadas oportunamente. Configurar correctamente los permisos de archivo y acceso, limitar el uso de puertos abiertos y deshabilitar servicios innecesarios reduce la superficie de ataque de la aplicación. Además, utilizar firewalls y sistemas de detección de intrusos ayuda a identificar y bloquear intentos de acceso no autorizado.

La monitorización y el registro de eventos de seguridad son esenciales para detectar y responder a incidentes en tiempo real. Implementar un sistema de logging que registre actividades sospechosas, intentos de acceso fallidos y cambios en la configuración permite a los equipos de seguridad identificar patrones de comportamiento anómalos y actuar rápidamente. Las herramientas de monitoreo como Prometheus y Grafana, junto con sistemas de análisis de logs como ELK Stack, facilitan la recopilación y el análisis de datos de seguridad.

La adopción de principios de desarrollo seguro desde las primeras etapas del ciclo de vida del software es fundamental. Aplicar metodologías como DevSecOps, que integran la seguridad en cada fase del desarrollo y despliegue, asegura que las aplicaciones sean diseñadas con la seguridad en mente desde el principio. Esto incluye la realización de revisiones de código regulares, la ejecución de pruebas de seguridad automatizadas y la evaluación continua de la infraestructura para identificar y mitigar riesgos.

La formación continua del equipo de desarrollo en las mejores prácticas de seguridad es igualmente importante. A medida que las amenazas evolucionan, los desarrolladores deben mantenerse actualizados sobre las nuevas técnicas de ataque y las estrategias para defenderse contra ellas. Participar en conferencias de seguridad, realizar cursos especializados y mantenerse al tanto de las vulnerabilidades reportadas en el software utilizado son pasos esenciales para mantener un enfoque proactivo en la seguridad.

Finalmente, la implementación de políticas de seguridad claras y la concienciación del usuario son componentes cruciales en una estrategia de seguridad integral. Establecer políticas que definan cómo se manejan los datos sensibles, cómo se gestionan las contraseñas y cómo se responden a los incidentes de seguridad proporciona una guía clara para todo el equipo. Además, educar a los usuarios sobre la importancia de la seguridad, como la creación de contraseñas fuertes y la identificación de correos electrónicos de phishing, ayuda a reducir el riesgo de errores humanos que podrían comprometer la seguridad de la aplicación.

La seguridad en las aplicaciones backend no es un objetivo único, sino un proceso continuo que requiere atención constante y adaptación a las nuevas amenazas. Al implementar técnicas de seguridad sólidas y fomentar una cultura de seguridad dentro del equipo de desarrollo, es posible proteger eficazmente las aplicaciones y los datos de los usuarios, garantizando la integridad y la confianza en el software que se desarrolla.

Integración continua y despliegue continuo (CI/CD)

La integración continua y el despliegue continuo, conocidos comúnmente como CI/CD, son prácticas esenciales en el desarrollo de software moderno que buscan automatizar y optimizar el ciclo de vida de las aplicaciones. Estas metodologías no solo mejoran la calidad del software, sino que también aceleran el proceso de entrega, permitiendo que los equipos respondan rápidamente a los cambios y necesidades del mercado. Entender y aplicar correctamente CI/CD es fundamental para cualquier desarrollador backend que aspire a trabajar en entornos ágiles y de alta eficiencia.

La integración continua es una práctica que consiste en integrar frecuentemente los cambios de código realizados por los desarrolladores en un repositorio compartido. Cada integración se verifica automáticamente mediante la ejecución de pruebas automatizadas, lo que permite detectar errores de forma temprana en el ciclo de desarrollo. La idea es que, al integrar el código de manera continua, se minimizan los problemas de integración y se garantiza que el software esté siempre en un estado funcional. Este enfoque promueve una cultura de desarrollo colaborativo y reduce el tiempo dedicado a la corrección de errores en fases posteriores del proyecto.

El proceso de integración continua comienza cuando un desarrollador realiza cambios en el código y los envía al sistema de control de versiones, como Git. Una vez que el código es enviado, un servidor de CI, como Jenkins, Travis CI o GitHub Actions, detecta el cambio y ejecuta automáticamente una serie de tareas predefinidas. Estas tareas incluyen la compilación del código, la ejecución de pruebas unitarias y de integración, y la generación de informes sobre el estado de la compilación. Si alguna de estas tareas falla, el servidor de CI notifica al equipo, permitiendo que los errores se corrijan de inmediato antes de que se conviertan en problemas mayores.

El despliegue continuo es el siguiente paso en el ciclo CI/CD y se refiere a la automatización del proceso de despliegue del software en entornos de producción. Mientras que la integración continua se enfoca en mantener el código en un estado funcional, el despliegue continuo asegura que cada cambio que pasa las pruebas pueda ser entregado automáticamente a los usuarios finales. Esto elimina la necesidad de intervenciones manuales en el proceso de despliegue, reduciendo los errores humanos y acelerando la entrega de nuevas funcionalidades.

En un flujo de trabajo de CI/CD bien implementado, el código que ha sido probado y validado en la fase de integración continua se despliega automáticamente en un entorno de producción o preproducción. Herramientas como Docker y Kubernetes son fundamentales en esta etapa, ya que permiten empaquetar y gestionar aplicaciones en contenedores que pueden desplegarse de manera consistente en diferentes entornos. Además, los pipelines de CI/CD pueden incluir etapas de revisión y aprobación manual para garantizar que los cambios más críticos sean revisados antes de su despliegue final.

El uso de CI/CD no solo mejora la velocidad de entrega del software, sino que también aumenta la calidad y la confiabilidad de las aplicaciones. Al automatizar las pruebas y el despliegue, los equipos pueden detectar y corregir errores más rápidamente, lo que resulta en un software más estable y seguro. Además, el feedback rápido proporcionado por las herramientas de CI/CD permite a los desarrolladores iterar y mejorar continuamente el código, fomentando una cultura de mejora constante.

La implementación de CI/CD también facilita la adopción de prácticas de desarrollo ágil, como las entregas continuas y el desarrollo basado en pruebas. Al integrar y desplegar el código de manera frecuente, los equipos pueden recibir retroalimentación continua de los usuarios y adaptarse rápidamente a los cambios en los requisitos. Esto es especialmente valioso en entornos dinámicos donde la capacidad de responder rápidamente a las necesidades del mercado puede marcar la diferencia entre el éxito y el fracaso de un proyecto.

Un aspecto clave para el éxito de CI/CD es la configuración adecuada de los pipelines de automatización. Un pipeline bien diseñado incluye varias etapas que van desde la compilación y prueba del código hasta el despliegue y monitoreo en producción. Cada etapa del pipeline debe estar claramente definida y automatizada para garantizar que el proceso sea reproducible y libre de errores. Además, es importante incluir mecanismos de monitoreo y alertas para detectar cualquier problema que pueda surgir durante el despliegue o en el entorno de producción.

La seguridad también juega un papel crucial en CI/CD. Integrar pruebas de seguridad automatizadas en el pipeline permite identificar vulnerabilidades en el código antes de que lleguen a producción. Herramientas de análisis de seguridad estática, como SonarQube, y escáneres de vulnerabilidades, como Snyk, pueden integrarse en el flujo de trabajo de CI/CD para garantizar que el software cumple con los estándares de seguridad. Además, el uso de firmas digitales y controles de acceso adecuados asegura que solo el código verificado y aprobado pueda ser desplegado.

El monitoreo continuo es otra parte esencial del ciclo CI/CD. Después del despliegue, es fundamental monitorear el rendimiento y la disponibilidad de la aplicación para detectar y resolver rápidamente cualquier problema que pueda afectar a los usuarios. Herramientas como Prometheus, Grafana y ELK Stack permiten recopilar y analizar métricas y logs en tiempo real, proporcionando una visión clara del estado de la aplicación y facilitando la toma de decisiones informadas.

La adopción de CI/CD también tiene un impacto positivo en la colaboración y la comunicación dentro de los equipos de desarrollo. Al automatizar tareas repetitivas y proporcionar feedback continuo, los desarrolladores pueden centrarse en tareas de mayor valor, como la innovación y la mejora del producto. Además, la transparencia en el proceso de desarrollo y despliegue facilita la colaboración entre diferentes equipos, como desarrollo, operaciones y calidad, promoviendo una cultura de DevOps.

Uno de los desafíos en la implementación de CI/CD es la configuración inicial y la integración con las herramientas y procesos existentes. La creación de pipelines eficientes y la automatización de tareas pueden requerir una inversión inicial significativa en tiempo y recursos. Sin embargo, los beneficios a largo plazo en términos de velocidad, calidad y eficiencia superan con creces estos desafíos. Es importante comenzar con pequeños pasos, automatizando primero las tareas más críticas y expandiendo gradualmente el uso de CI/CD en todo el ciclo de vida del desarrollo.

La escalabilidad de los pipelines de CI/CD es otro aspecto a considerar. A medida que el proyecto crece, es necesario adaptar los pipelines para manejar un mayor volumen de código y pruebas. Esto puede implicar la distribución de tareas en múltiples agentes de CI, la optimización de las pruebas para reducir el tiempo de ejecución y la implementación de estrategias de despliegue como el blue-green deployment o el canary release para minimizar el impacto de los cambios en producción.

La integración continua y el despliegue continuo no son solo prácticas técnicas, sino también una filosofía de desarrollo que promueve la automatización, la colaboración y la mejora continua. Al adoptar CI/CD, los equipos de desarrollo pueden entregar software de alta calidad de manera más rápida y confiable, adaptándose mejor a las necesidades de los usuarios y del mercado. Esta transformación no solo mejora la eficiencia operativa, sino que también crea un entorno de trabajo más ágil y dinámico, donde la innovación y la excelencia técnica son la norma.

Configuración de servidores y hosting en la nube

La configuración de servidores y el uso de servicios de hosting en la nube han revolucionado la forma en que se desarrollan, despliegan y gestionan las aplicaciones backend. La nube ofrece flexibilidad, escalabilidad y eficiencia que superan las capacidades de la infraestructura tradicional en muchos aspectos. Para los desarrolladores backend, comprender cómo configurar servidores en la nube y elegir el tipo adecuado de hosting es esencial para garantizar el rendimiento, la seguridad y la disponibilidad de sus aplicaciones.

La primera decisión importante en la configuración de servidores en la nube es la elección del proveedor. Empresas como Amazon Web Services (AWS), Microsoft Azure y Google Cloud Platform (GCP) dominan el mercado, ofreciendo una amplia gama de servicios que cubren desde el almacenamiento y la computación hasta la inteligencia artificial y el análisis de datos. La elección del proveedor dependerá de varios factores, incluidos los costos, la facilidad de uso, la compatibilidad con tecnologías existentes y la disponibilidad de servicios específicos. Una vez seleccionado el proveedor, el siguiente paso es determinar el tipo de servicio de computación que se ajusta mejor a las necesidades del proyecto.

Las instancias virtuales, conocidas como máquinas virtuales (VM), son uno de los métodos más comunes para alojar aplicaciones en la nube. Estas máquinas permiten a los desarrolladores configurar servidores virtuales con especificaciones personalizadas, como el tipo de procesador, la cantidad de memoria RAM y el almacenamiento. Servicios como Amazon EC2, Google Compute Engine y Azure Virtual Machines ofrecen estas capacidades, proporcionando control total sobre el sistema operativo, el software instalado y la configuración de red. Configurar una instancia virtual implica seleccionar una imagen base del sistema operativo, establecer configuraciones de seguridad como grupos de seguridad y firewalls, y definir políticas de escalabilidad para adaptarse a cambios en la demanda.

Otro enfoque popular es el uso de contenedores, que ofrecen una alternativa más ligera y eficiente a las máquinas virtuales tradicionales.

Los contenedores encapsulan aplicaciones y sus dependencias en un entorno aislado que se ejecuta sobre el sistema operativo del host, lo que permite un uso más eficiente de los recursos. Servicios como AWS Elastic Container Service (ECS), Google Kubernetes Engine (GKE) y Azure Kubernetes Service (AKS) permiten desplegar y gestionar aplicaciones en contenedores a gran escala. La configuración de un entorno basado en contenedores incluye la creación de imágenes de contenedor, la definición de orquestación de servicios y la configuración de redes y almacenamiento persistente.

El uso de servicios de plataforma como servicio (PaaS) también ha ganado popularidad entre los desarrolladores backend. Estos servicios abstraen la infraestructura subyacente, permitiendo a los desarrolladores centrarse en el código y la lógica de la aplicación sin preocuparse por la gestión de servidores. Plataformas como Heroku, AWS Elastic Beanstalk y Google App Engine permiten desplegar aplicaciones de forma sencilla, automatizando tareas como la escalabilidad, el balanceo de carga y la actualización de software. Configurar una aplicación en un entorno PaaS implica definir las dependencias del proyecto, establecer variables de entorno y configurar el pipeline de integración y despliegue continuo.

La seguridad es un aspecto crucial en la configuración de servidores en la nube. Implementar controles de acceso basados en roles (RBAC) garantiza que solo los usuarios autorizados puedan acceder a los recursos críticos. La configuración de redes seguras, como las redes privadas virtuales (VPC), ayuda a aislar los recursos en la nube del acceso público no autorizado. Además, el uso de cifrado tanto en tránsito como en reposo asegura que los datos estén protegidos contra accesos no deseados. Las herramientas de monitoreo y auditoría proporcionadas por los proveedores de la nube permiten rastrear la actividad en los recursos y detectar comportamientos sospechosos que podrían indicar un intento de intrusión.

El escalado automático es una de las características más potentes del hosting en la nube. Esta funcionalidad permite ajustar automáticamente los recursos computacionales en función de la carga de trabajo, asegurando que la aplicación mantenga un rendimiento óptimo sin desperdiciar recursos. Configurar el escalado automático implica definir políticas que determinen cuándo añadir o eliminar instancias, basadas en métricas como el uso de la CPU, la memoria o el tráfico de red. Esta capacidad de adaptarse dinámicamente a las fluctuaciones en la demanda es esencial para aplicaciones que experimentan picos de tráfico, como sitios de comercio electrónico durante eventos de ventas.

El balanceo de carga es otra técnica esencial para optimizar el rendimiento y la disponibilidad de aplicaciones en la nube. Los balanceadores de carga distribuyen el tráfico entrante entre múltiples instancias de la aplicación, asegurando que ninguna instancia individual se sobrecargue. Esto no solo mejora el tiempo de respuesta de la aplicación, sino que también proporciona redundancia, asegurando que la aplicación siga funcionando incluso si una instancia falla. Configurar un balanceador de carga incluye definir reglas de enrutamiento, establecer políticas de salud para las instancias y configurar certificados SSL para asegurar las conexiones.

El almacenamiento en la nube ofrece soluciones flexibles y escalables para gestionar datos de aplicaciones backend. Los servicios de almacenamiento de objetos, como Amazon S3, Google Cloud Storage y Azure Blob Storage, permiten almacenar y recuperar grandes cantidades de datos no estructurados de manera eficiente. Estos servicios son ideales para almacenar archivos multimedia, copias de seguridad y registros. Para aplicaciones que requieren almacenamiento de datos estructurados, los servicios de bases de datos gestionadas, como Amazon RDS, Google Cloud SQL y Azure SQL Database, ofrecen soluciones escalables y altamente disponibles sin la complejidad de gestionar la infraestructura de la base de datos.

El monitoreo y la observabilidad son aspectos fundamentales para mantener la salud y el rendimiento de las aplicaciones en la nube. Las herramientas de monitoreo permiten rastrear el uso de recursos, el rendimiento de la aplicación y los eventos del sistema, proporcionando información valiosa para la resolución de problemas y la optimización de la infraestructura. Servicios como AWS CloudWatch, Google Cloud Monitoring y Azure Monitor ofrecen métricas en tiempo real, alertas configurables y paneles de control personalizados que ayudan a los desarrolladores a mantener sus aplicaciones funcionando sin problemas.

La automatización de la configuración y la gestión de servidores en la nube es esencial para mantener la eficiencia y la coherencia en el despliegue de aplicaciones. Herramientas de infraestructura como código (IaC), como Terraform, AWS CloudFormation y Azure Resource Manager, permiten definir y gestionar la infraestructura utilizando archivos de configuración que pueden versionarse y compartirse. Esta práctica no solo facilita la replicación de entornos de desarrollo, pruebas y producción, sino que también mejora la seguridad y la consistencia al reducir el riesgo de errores manuales.

La elección del modelo de implementación adecuado también es un factor clave en la configuración de servidores en la nube. El modelo de nube pública ofrece flexibilidad y escalabilidad sin la necesidad de gestionar la infraestructura física, mientras que la nube privada proporciona un mayor control y seguridad al alojar los recursos en instalaciones dedicadas. El modelo de nube híbrida combina lo mejor de ambos mundos, permitiendo a las organizaciones aprovechar la escalabilidad de la nube pública mientras mantienen datos sensibles en entornos privados.

La configuración de servidores y el hosting en la nube han transformado la forma en que se desarrollan y gestionan las aplicaciones backend, ofreciendo flexibilidad, escalabilidad y eficiencia sin precedentes. Comprender las diferentes opciones de servicios en la nube, desde máquinas virtuales hasta plataformas gestionadas, y cómo configurarlas adecuadamente es esencial para cualquier desarrollador backend que busque construir aplicaciones robustas, seguras y altamente disponibles. A medida que la tecnología en la nube continúa evolucionando, las habilidades en la configuración y gestión de servidores en la nube seguirán siendo una parte fundamental del desarrollo de software moderno.

Monitorización y métricas en aplicaciones backend

La monitorización y el seguimiento de métricas son componentes esenciales para el mantenimiento y la mejora continua de las aplicaciones backend. A medida que las aplicaciones se vuelven más complejas y distribuidas, la capacidad de observar su comportamiento en tiempo real y recopilar datos precisos sobre su rendimiento se convierte en una necesidad crítica. Sin una monitorización adecuada, los equipos de desarrollo y operaciones pueden encontrarse a ciegas frente a problemas de rendimiento, errores inesperados o fallos en la infraestructura.

La monitorización en aplicaciones backend no se limita a verificar si un servidor está en funcionamiento o no. Se trata de un proceso integral que abarca la supervisión del rendimiento del sistema, la salud de los servicios, la disponibilidad de los recursos y el análisis de eventos para identificar patrones que puedan indicar problemas potenciales. Este enfoque proactivo permite detectar y solucionar problemas antes de que afecten a los usuarios finales, asegurando una experiencia consistente y confiable.

Uno de los aspectos clave de la monitorización es la recopilación y análisis de métricas. Las métricas son datos cuantificables que reflejan el estado y el rendimiento de diversos componentes de la aplicación. Estas pueden incluir el uso de la CPU, la memoria disponible, el tiempo de respuesta de las solicitudes, el número de errores por segundo y la latencia en las conexiones a la base de datos. Al recopilar y analizar estas métricas de manera continua, los equipos pueden identificar tendencias y anomalías que podrían señalar problemas subyacentes.

El monitoreo eficaz también incluye el seguimiento de los logs o registros de la aplicación. Los logs proporcionan un historial detallado de los eventos que ocurren dentro de la aplicación, desde errores y advertencias hasta información sobre el flujo de trabajo y el comportamiento de los usuarios. El análisis de logs permite identificar no solo cuándo y dónde ocurrió un problema, sino también las condiciones que lo precedieron, lo que facilita la identificación de la causa raíz. Herramientas como ELK Stack (Elasticsearch, Logstash y Kibana) permiten centralizar, buscar y visualizar logs de manera eficiente, proporcionando una visión integral del estado de la aplicación.

Para gestionar la monitorización y las métricas de manera efectiva, es fundamental utilizar herramientas especializadas que automatizan la recopilación, el almacenamiento y el análisis de datos. Prometheus, por ejemplo, es una herramienta de monitoreo de código abierto que recopila métricas de diversas fuentes y permite configurar alertas basadas en condiciones específicas. Combinado con Grafana, que ofrece potentes capacidades de visualización, Prometheus permite crear paneles de control personalizados que muestran en tiempo real el estado de la aplicación y la infraestructura.

La configuración de alertas es un aspecto crucial en la monitorización. Las alertas notifican a los equipos de desarrollo y operaciones cuando se detectan condiciones anómalas o umbrales críticos que podrían indicar un problema inminente. Por ejemplo, si la latencia de una API supera un valor aceptable o si el uso de la CPU alcanza niveles peligrosamente altos, una alerta puede desencadenar una respuesta inmediata para investigar y resolver el problema. Es importante que las alertas sean precisas y relevantes para evitar la fatiga por alertas, donde los equipos reciben tantas notificaciones que terminan ignorando señales importantes.

El monitoreo de aplicaciones backend también debe incluir la supervisión de la infraestructura subyacente, como servidores, redes y servicios en la nube. Herramientas como AWS CloudWatch, Azure Monitor o Google Cloud Monitoring ofrecen capacidades integradas para supervisar recursos en la nube, proporcionando métricas detalladas sobre el uso de recursos, la disponibilidad y el rendimiento de los servicios. Estas herramientas permiten correlacionar problemas en la aplicación con eventos en la infraestructura, facilitando una respuesta más rápida y precisa.

El análisis de métricas no solo es útil para identificar y resolver problemas, sino también para optimizar el rendimiento de la aplicación. Al comprender cómo se comporta la aplicación bajo diferentes cargas de trabajo, los equipos pueden identificar oportunidades para mejorar la eficiencia, reducir el consumo de recursos y aumentar la escalabilidad. Por ejemplo, si las métricas muestran que ciertas consultas a la base de datos son consistentemente lentas, se pueden optimizar las consultas o ajustar la configuración de la base de datos para mejorar el rendimiento.

El monitoreo continuo también es esencial para garantizar la seguridad de la aplicación. La supervisión de eventos de seguridad, como intentos de acceso no autorizados, cambios en la configuración del sistema o comportamientos anómalos en el tráfico de red, permite detectar y responder rápidamente a posibles amenazas. Integrar la monitorización de seguridad en el ciclo de vida del desarrollo y despliegue asegura que la aplicación no solo sea funcional y eficiente, sino también segura y resistente a ataques.

La implementación de prácticas de observabilidad en las aplicaciones backend va más allá de la simple recolección de métricas y logs. La observabilidad implica diseñar la aplicación de manera que su estado interno sea fácilmente inferible a partir de los datos externos recopilados. Esto incluye la instrumentación del código para generar métricas detalladas, la incorporación de trazas distribuidas para seguir el flujo de las solicitudes a través de múltiples servicios y la integración de estas prácticas en la cultura de desarrollo y operaciones.

Las trazas distribuidas son especialmente útiles en arquitecturas de microservicios, donde una sola solicitud del usuario puede atravesar múltiples servicios antes de completar su ciclo. Herramientas como Jaeger y Zipkin permiten rastrear estas solicitudes de extremo a extremo, proporcionando una visión clara de cómo interactúan los diferentes servicios y dónde pueden estar ocurriendo cuellos de botella o fallos. Esta visibilidad es fundamental para identificar y resolver problemas en sistemas complejos y distribuidos.

La automatización del monitoreo y la recopilación de métricas es esencial para mantener la eficiencia y la escalabilidad de las operaciones. Configurar pipelines de CI/CD que incluyan pasos para desplegar y actualizar las configuraciones de monitoreo asegura que los cambios en la aplicación se reflejen automáticamente en las herramientas de supervisión. Esto garantiza que el monitoreo esté siempre actualizado y que los equipos tengan acceso a datos precisos y relevantes en todo momento.

La integración de la monitorización y las métricas en el ciclo de desarrollo permite a los equipos adoptar un enfoque proactivo para la gestión del rendimiento y la estabilidad de la aplicación. Al identificar y abordar problemas de manera temprana, se pueden evitar interrupciones costosas y mantener una experiencia de usuario de alta calidad. Además, la recopilación continua de datos proporciona información valiosa para la toma de decisiones estratégicas, como la planificación de la capacidad, la asignación de recursos y la identificación de oportunidades de mejora.

La monitorización y el análisis de métricas en aplicaciones backend no solo son herramientas para la resolución de problemas, sino que también son componentes clave para la mejora continua y la innovación. Al adoptar un enfoque basado en datos para la gestión de aplicaciones, los equipos de desarrollo pueden crear software más robusto, eficiente y adaptado a las necesidades de los usuarios y del negocio. La capacidad de observar, medir y optimizar el comportamiento de las aplicaciones en tiempo real es un diferenciador clave en el desarrollo de software moderno y competitivo.

Uso de colas y sistemas de mensajería

El uso de colas y sistemas de mensajería es fundamental en el desarrollo de aplicaciones backend modernas, especialmente en arquitecturas distribuidas y basadas en microservicios. Estos sistemas permiten la comunicación asíncrona entre diferentes partes de una aplicación, mejorando la escalabilidad, la fiabilidad y el rendimiento general. Comprender cómo funcionan las colas y los sistemas de mensajería, así como sus aplicaciones prácticas, es esencial para diseñar y construir aplicaciones robustas y eficientes.

Las colas de mensajes funcionan como intermediarios que permiten la transmisión de datos entre productores y consumidores sin que estos tengan que interactuar directamente. Un productor envía un mensaje a la cola, donde se almacena hasta que un consumidor lo procesa. Este enfoque desacopla los componentes de la aplicación, lo que significa que los servicios pueden funcionar de manera independiente y a su propio ritmo. Por ejemplo, en una aplicación de procesamiento de pagos, el servicio que recibe la solicitud de pago puede enviar un mensaje a la cola para que otro servicio lo procese, permitiendo que la aplicación responda rápidamente al usuario sin esperar a que se complete toda la transacción.

Uno de los beneficios más importantes de las colas de mensajes es la capacidad de manejar picos de carga sin sobrecargar el sistema. Cuando la demanda aumenta, los mensajes se acumulan en la cola hasta que los consumidores puedan procesarlos. Esto permite que la aplicación se mantenga estable y receptiva, incluso en condiciones de alta carga. Además, las colas de mensajes proporcionan durabilidad y fiabilidad, ya que los mensajes pueden persistirse en el almacenamiento para garantizar que no se pierdan en caso de fallos del sistema.

Existen varios sistemas de mensajería populares que ofrecen características avanzadas para la gestión de colas. RabbitMQ es uno de los sistemas de colas más utilizados, conocido por su facilidad de uso y su soporte para múltiples protocolos de mensajería, como AMQP, MQTT y STOMP. RabbitMQ permite la creación de colas duraderas, la distribución de mensajes entre múltiples consumidores y la implementación de patrones de mensajería complejos, como el enrutamiento y el intercambio de temas.

Apache Kafka es otro sistema de mensajería ampliamente adoptado, especialmente en aplicaciones que requieren el procesamiento de grandes volúmenes de datos en tiempo real. Kafka utiliza un modelo de publicación y suscripción donde los productores envían mensajes a temas y los consumidores se suscriben a estos temas para recibir los mensajes. Kafka se destaca por su alta capacidad de procesamiento, su escalabilidad horizontal y su capacidad de mantener grandes volúmenes de mensajes durante períodos prolongados, lo que lo hace ideal para aplicaciones de análisis de datos y transmisión de eventos.

El uso de colas de mensajes también facilita la implementación de arquitecturas de microservicios, donde cada servicio realiza una función específica y se comunica con otros servicios a través de mensajes. Este enfoque permite una mayor modularidad y facilita la escalabilidad y el mantenimiento de la aplicación. Los microservicios pueden implementarse, actualizarse y escalarse de manera independiente, lo que mejora la flexibilidad y la resiliencia del sistema.

La comunicación asíncrona a través de colas de mensajes también mejora la tolerancia a fallos de las aplicaciones. Si un servicio falla o se desconecta temporalmente, los mensajes pueden permanecer en la cola hasta que el servicio vuelva a estar disponible. Esto garantiza que los datos no se pierdan y que el sistema pueda recuperarse rápidamente de fallos sin afectar la experiencia del usuario. Además, las colas de mensajes permiten implementar políticas de reintento y manejo de errores, asegurando que los mensajes problemáticos se gestionen de manera adecuada.

La implementación de colas de mensajes requiere una planificación cuidadosa para garantizar su efectividad. Es importante definir claramente los flujos de mensajes y los patrones de comunicación entre los servicios. Los patrones de mensajería comunes incluyen el punto a punto, donde un mensaje es consumido por un único receptor, y la publicación y suscripción, donde un mensaje es recibido por múltiples consumidores. La elección del patrón adecuado depende de los requisitos específicos de la aplicación.

La seguridad es otro aspecto crítico en el uso de colas y sistemas de mensajería. Es esencial asegurar la autenticación y autorización de los productores y consumidores para evitar accesos no autorizados. El cifrado de los mensajes en tránsito y en reposo protege la integridad y la confidencialidad de los datos. Además, la monitorización y el registro de eventos permiten rastrear la actividad en el sistema de mensajería y detectar posibles problemas o intentos de acceso indebido.

El monitoreo del rendimiento de las colas de mensajes es esencial para mantener la eficiencia y la fiabilidad del sistema. Herramientas como Prometheus y Grafana pueden integrarse con sistemas de mensajería para recopilar métricas sobre la longitud de las colas, el tiempo de procesamiento de los mensajes y la utilización de los recursos. Estos datos permiten identificar cuellos de botella y optimizar el rendimiento del sistema, asegurando que la aplicación pueda manejar la carga de trabajo de manera eficiente.

La integración de colas de mensajes en el ciclo de vida del desarrollo de software también mejora la calidad y la mantenibilidad del código. Las pruebas automatizadas pueden simular la producción y el consumo de mensajes para verificar que los servicios se comportan correctamente bajo diferentes condiciones. Además, la documentación clara de los flujos de mensajes y las interfaces de los servicios facilita la colaboración entre los miembros del equipo y mejora la comprensión del sistema.

El uso de colas y sistemas de mensajería ha transformado la forma en que se diseñan y construyen las aplicaciones backend, ofreciendo una solución flexible y escalable para la comunicación entre servicios. Estos sistemas permiten manejar grandes volúmenes de datos, mejorar la resiliencia y la tolerancia a fallos y facilitar la implementación de arquitecturas modernas como los microservicios. A medida que las aplicaciones continúan evolucionando y enfrentando nuevos desafíos, las colas de mensajes seguirán siendo una herramienta esencial para el desarrollo de software robusto y eficiente.

Comunicación entre microservicios

La arquitectura de microservicios ha transformado el desarrollo de aplicaciones al dividir sistemas complejos en componentes más pequeños e independientes. Cada microservicio es responsable de una funcionalidad específica y puede desarrollarse, desplegarse y escalarse de forma autónoma. Sin embargo, para que el sistema funcione como un todo coherente, es fundamental establecer una comunicación eficiente y confiable entre estos microservicios. La forma en que estos servicios se comunican influye directamente en el rendimiento, la escalabilidad y la resiliencia de la aplicación.

Existen dos principales enfoques para la comunicación entre microservicios: la comunicación síncrona y la comunicación asíncrona. La comunicación síncrona ocurre cuando un servicio envía una solicitud a otro y espera una respuesta antes de continuar con su ejecución. Este patrón es comúnmente implementado mediante APIs REST o llamadas gRPC. Las APIs REST, que utilizan HTTP para la transmisión de datos, son fáciles de implementar y ampliamente compatibles. Por su parte, gRPC, basado en el protocolo HTTP/2, ofrece una comunicación más eficiente y rápida, especialmente útil en entornos donde la latencia y el rendimiento son críticos. La ventaja de la comunicación síncrona es su simplicidad y la facilidad de depuración, ya que sigue un flujo de solicitud-respuesta claro. Sin embargo, su principal desventaja es que introduce una dependencia temporal entre los servicios. Si uno de los servicios no está disponible o responde lentamente, puede afectar el rendimiento de todo el sistema.

Por otro lado, la comunicación asíncrona permite que los microservicios se comuniquen sin esperar una respuesta inmediata. En este modelo, un servicio envía un mensaje a una cola o un sistema de mensajería, y el receptor procesa el mensaje cuando esté disponible. Este enfoque desacopla temporalmente los servicios, mejorando la resiliencia y la escalabilidad del sistema. Los sistemas de mensajería como RabbitMQ, Apache Kafka o Amazon SQS son herramientas populares para implementar la comunicación asíncrona. La ventaja de este modelo es que permite manejar grandes volúmenes de datos y tráfico sin que los servicios se bloqueen entre sí. Además, facilita la implementación de patrones como la publicación-suscripción, donde múltiples servicios pueden suscribirse a eventos y reaccionar de manera independiente cuando ocurren.

El diseño de la comunicación entre microservicios debe tener en cuenta aspectos clave como la tolerancia a fallos, la consistencia de los datos y la gestión de la latencia. En sistemas distribuidos, es inevitable que ocurran fallos en la red o en los propios servicios. Por ello, es importante implementar mecanismos de reintento, circuit breakers y timeouts para manejar estos fallos de manera eficiente. Los circuit breakers son patrones de diseño que detectan fallos repetidos en una comunicación y evitan que el sistema siga intentando conexiones fallidas, protegiendo así los recursos y permitiendo la recuperación del sistema.

La consistencia de los datos es otro desafío importante en la comunicación entre microservicios. Dado que cada servicio gestiona su propia base de datos, mantener la consistencia entre los datos distribuidos puede ser complicado. La consistencia eventual es un enfoque común, donde los cambios en los datos se propagan gradualmente entre los servicios hasta que todos alcanzan un estado consistente. Los eventos de dominio y las arquitecturas basadas en eventos son técnicas que facilitan este proceso, permitiendo que los servicios se mantengan actualizados mediante la publicación y suscripción a eventos relevantes.

La seguridad en la comunicación entre microservicios es fundamental para proteger la integridad y la confidencialidad de los datos. Implementar autenticación y autorización en cada servicio garantiza que solo los servicios y usuarios autorizados puedan acceder a los recursos. El uso de tokens JWT (JSON Web Tokens) es una práctica común para autenticar y autorizar solicitudes entre servicios. Además, cifrar las comunicaciones utilizando TLS (Transport Layer Security) protege los datos en tránsito contra posibles interceptaciones o manipulaciones.

El monitoreo y la trazabilidad de las comunicaciones entre microservicios son esenciales para la observabilidad del sistema. Herramientas de trazado distribuido, como Jaeger o Zipkin, permiten rastrear las solicitudes a través de múltiples servicios, proporcionando una visión clara de cómo se procesan las solicitudes y dónde pueden ocurrir cuellos de botella o fallos. La recopilación y el análisis de métricas de comunicación, como la latencia, el número de solicitudes fallidas y el tiempo de respuesta, ayudan a identificar áreas de mejora y a mantener el rendimiento del sistema.

La elección entre comunicación síncrona y asíncrona, o la combinación de ambas, dependerá de las necesidades específicas de la aplicación y de los requisitos de rendimiento y escalabilidad. En muchos casos, una arquitectura híbrida que combine ambos enfoques puede ofrecer el equilibrio adecuado entre simplicidad y resiliencia. Por ejemplo, las operaciones críticas que requieren una respuesta inmediata pueden implementarse utilizando comunicación síncrona, mientras que los procesos de fondo o las tareas que pueden diferirse en el tiempo pueden manejarse de manera asíncrona.

La estandarización de las interfaces de comunicación entre microservicios es crucial para mantener la coherencia y la interoperabilidad en el sistema. Definir contratos claros y utilizar herramientas de documentación como OpenAPI para describir las APIs facilita la colaboración entre equipos y asegura que los servicios puedan integrarse sin problemas. Además, la validación de las solicitudes y respuestas ayuda a detectar y corregir errores en la comunicación de manera temprana.

El diseño de la comunicación entre microservicios también debe tener en cuenta la escalabilidad y el rendimiento a largo plazo. La implementación de técnicas de caching, la optimización de las consultas a la base de datos y la reducción de la cantidad de datos transmitidos entre servicios son prácticas que pueden mejorar significativamente el rendimiento del sistema. Además, la planificación adecuada de la infraestructura y el uso de herramientas de orquestación como Kubernetes facilitan la gestión y el escalado de los servicios en entornos de producción.

La comunicación entre microservicios es un aspecto fundamental de la arquitectura distribuida moderna. Un diseño cuidadoso y la implementación de prácticas robustas de comunicación permiten construir sistemas resilientes, escalables y fáciles de mantener. A medida que las aplicaciones continúan evolucionando hacia arquitecturas más distribuidas y complejas, la capacidad de gestionar eficientemente la comunicación entre microservicios seguirá siendo un componente clave para el éxito del desarrollo de software backend.

Gestión de archivos y almacenamiento en la nube

La gestión de archivos y el almacenamiento en la nube han revolucionado la forma en que las aplicaciones backend manejan datos. A medida que las aplicaciones crecen en complejidad y volumen de información, el almacenamiento tradicional en servidores locales se vuelve insuficiente, costoso y difícil de escalar. La nube ofrece una solución flexible, escalable y rentable para almacenar y gestionar archivos, permitiendo a los desarrolladores centrarse en la funcionalidad de la aplicación sin preocuparse por las limitaciones físicas de la infraestructura.

El almacenamiento en la nube permite a las aplicaciones guardar, acceder y manipular datos a través de internet utilizando servicios proporcionados por plataformas como Amazon Web Services (AWS), Google Cloud Platform (GCP) y Microsoft Azure. Estos servicios ofrecen diferentes modelos de almacenamiento, adaptados a las necesidades específicas de cada aplicación. El almacenamiento de objetos, como Amazon S3 o Google Cloud Storage, es uno de los modelos más utilizados. Este tipo de almacenamiento organiza los datos en objetos que contienen el archivo, metadatos y una clave única para su identificación. Los objetos pueden ser cualquier tipo de archivo, desde imágenes y videos hasta documentos y copias de seguridad. La principal ventaja del almacenamiento de objetos es su escalabilidad casi infinita y su capacidad para gestionar grandes volúmenes de datos no estructurados.

El almacenamiento en bloques es otro modelo popular, utilizado principalmente para aplicaciones que requieren un acceso rápido y constante a los datos, como bases de datos y sistemas de archivos. Este modelo divide los datos en bloques de tamaño fijo, que se almacenan y gestionan de manera independiente. Servicios como Amazon EBS (Elastic Block Store) permiten crear volúmenes de almacenamiento que se pueden adjuntar a instancias de servidores virtuales, proporcionando un rendimiento similar al de los discos duros locales pero con la flexibilidad y escalabilidad de la nube.

El almacenamiento de archivos en la nube, como Amazon EFS (Elastic File System) o Azure Files, proporciona un sistema de archivos compartido que puede montarse en múltiples instancias de servidores. Este modelo es ideal para aplicaciones que necesitan acceder a archivos de manera concurrente desde diferentes ubicaciones, como sistemas de gestión de contenido o entornos de desarrollo colaborativo. El almacenamiento de archivos combina la estructura jerárquica de los sistemas de archivos tradicionales con la flexibilidad y escalabilidad de la nube.

La gestión de archivos en la nube también incluye la implementación de políticas de acceso y seguridad para proteger los datos sensibles. Los proveedores de servicios en la nube ofrecen herramientas para controlar quién puede acceder a los archivos y qué acciones pueden realizar. Por ejemplo, Amazon S3 permite definir políticas de control de acceso basadas en roles (RBAC) que especifican permisos detallados para usuarios y grupos. Además, el uso de cifrado en tránsito y en reposo garantiza que los datos estén protegidos contra accesos no autorizados y posibles brechas de seguridad. El cifrado en tránsito protege los datos mientras se transmiten entre la aplicación y el servicio de almacenamiento, utilizando protocolos como HTTPS y TLS. El cifrado en reposo asegura que los datos almacenados estén protegidos mediante algoritmos de cifrado avanzados como AES-256.

La integración de servicios de almacenamiento en la nube en aplicaciones backend es un proceso sencillo gracias a las APIs proporcionadas por los proveedores de servicios. Estas APIs permiten realizar operaciones como la carga, descarga, eliminación y manipulación de archivos mediante solicitudes HTTP. Por ejemplo, la API de Amazon S3 utiliza comandos RESTful para interactuar con los objetos almacenados, lo que facilita su integración en aplicaciones desarrolladas en cualquier lenguaje de programación. Además, los SDKs proporcionados por los proveedores simplifican aún más este proceso, ofreciendo funciones y métodos predefinidos para gestionar archivos de manera eficiente.

El almacenamiento en la nube no solo facilita la gestión de archivos, sino que también mejora la disponibilidad y la redundancia de los datos. Los servicios de almacenamiento en la nube están diseñados para ofrecer alta disponibilidad y durabilidad, replicando automáticamente los datos en múltiples ubicaciones geográficas. Esto asegura que los archivos estén siempre disponibles, incluso en caso de fallos en los centros de datos o desastres naturales. Por ejemplo, Amazon S3 garantiza una durabilidad del 99.999999999% para los objetos almacenados, lo que significa que la probabilidad de pérdida de datos es extremadamente baja.

La optimización de costos es otro beneficio clave del almacenamiento en la nube. Los modelos de pago por uso permiten a las organizaciones pagar solo por el almacenamiento que realmente utilizan, eliminando la necesidad de invertir en costosa infraestructura física. Además, los proveedores de servicios ofrecen diferentes clases de almacenamiento que permiten optimizar los costos según la frecuencia de acceso a los datos. Por ejemplo, Amazon S3 ofrece clases de almacenamiento como S3 Standard para datos de acceso frecuente, S3 Infrequent Access para datos que se acceden ocasionalmente y S3 Glacier para el archivo de datos a largo plazo. Estas opciones permiten a las organizaciones ajustar sus estrategias de almacenamiento según sus necesidades específicas y presupuestos.

El versionado de archivos es otra característica valiosa del almacenamiento en la nube. El versionado permite mantener múltiples versiones de un mismo archivo, lo que facilita la recuperación de datos en caso de eliminación accidental o modificaciones no deseadas. Servicios como Amazon S3 permiten habilitar el versionado en los buckets de almacenamiento, asegurando que cada cambio en un archivo se registre como una nueva versión que puede recuperarse en cualquier momento. Esta funcionalidad es especialmente útil en entornos de desarrollo y colaboración, donde múltiples usuarios pueden trabajar en los mismos archivos simultáneamente.

La automatización de la gestión de archivos en la nube es posible mediante el uso de funciones y servicios adicionales proporcionados por los proveedores. Por ejemplo, las reglas de ciclo de vida en Amazon S3 permiten automatizar la transición de archivos entre diferentes clases de almacenamiento o su eliminación después de un período de tiempo específico. Esto no solo optimiza el uso del almacenamiento, sino que también reduce los costos y simplifica la gestión de datos a largo plazo.

La integración de almacenamiento en la nube con otras tecnologías, como el análisis de datos y la inteligencia artificial, abre nuevas oportunidades para el procesamiento y la utilización de la información. Los datos almacenados en la nube pueden analizarse en tiempo real utilizando servicios como Amazon Athena o Google BigQuery, que permiten ejecutar consultas SQL directamente sobre los archivos almacenados. Además, los servicios de aprendizaje automático y análisis predictivo pueden acceder a los datos en la nube para entrenar modelos y generar insights valiosos para el negocio.

La migración de datos a la nube también es un aspecto importante a considerar en la gestión de archivos. Los proveedores de servicios ofrecen herramientas y servicios para facilitar la transferencia de grandes volúmenes de datos desde entornos locales a la nube. Amazon Snowball y Google Transfer Appliance son ejemplos de dispositivos físicos que permiten transferir datos de manera segura y eficiente, mientras que herramientas como AWS DataSync y Google Cloud Storage Transfer Service permiten realizar migraciones en línea de manera rápida y confiable.

El almacenamiento y la gestión de archivos en la nube han transformado la forma en que las aplicaciones backend manejan los datos, ofreciendo soluciones flexibles, escalables y seguras que superan las limitaciones del almacenamiento tradicional. La capacidad de integrar estos servicios en aplicaciones modernas permite a los desarrolladores construir soluciones más robustas y eficientes, adaptadas a las necesidades cambiantes del negocio y del mercado. A medida que la tecnología en la nube continúa evolucionando, la gestión de archivos y el almacenamiento seguirán siendo componentes esenciales en el desarrollo de aplicaciones backend.

Escalabilidad vertical y horizontal

La escalabilidad es un aspecto fundamental en el desarrollo y la gestión de aplicaciones backend. A medida que las aplicaciones crecen en popularidad y complejidad, la capacidad de manejar un aumento en la carga de trabajo sin comprometer el rendimiento se convierte en una necesidad crítica. Existen dos enfoques principales para lograr la escalabilidad: la escalabilidad vertical y la escalabilidad horizontal. Cada uno de estos métodos tiene sus ventajas, desafíos y casos de uso específicos, y comprender sus diferencias es esencial para diseñar sistemas eficientes y resilientes.

La escalabilidad vertical, también conocida como "scale up", implica aumentar la capacidad de un solo servidor para manejar más carga. Esto se logra agregando más recursos a la máquina existente, como aumentar la cantidad de CPU, memoria RAM o almacenamiento. En términos prácticos, esto podría significar actualizar el servidor a un procesador más rápido, añadir más módulos de memoria o utilizar discos duros de mayor capacidad y velocidad. La escalabilidad vertical es una solución directa y relativamente sencilla de implementar, ya que no requiere cambios significativos en la arquitectura de la aplicación. La mayoría de las aplicaciones pueden beneficiarse de inmediato de los recursos adicionales sin necesidad de reconfiguración.

Sin embargo, la escalabilidad vertical tiene sus limitaciones. Existe un límite físico y económico en la cantidad de recursos que se pueden añadir a un solo servidor. Además, aunque los recursos puedan incrementarse, el riesgo de un único punto de fallo permanece. Si el servidor falla, toda la aplicación puede quedar inaccesible, lo que afecta directamente la disponibilidad del servicio. Los costos también pueden aumentar exponencialmente, ya que las máquinas más potentes y especializadas suelen ser significativamente más caras, tanto en términos de adquisición como de mantenimiento.

Por otro lado, la escalabilidad horizontal, o "scale out", implica añadir más servidores al sistema para distribuir la carga de trabajo. En lugar de depender de un único servidor más potente, múltiples máquinas trabajan en conjunto para manejar las solicitudes y los procesos de la aplicación. Este enfoque es la base de muchas arquitecturas modernas, como los microservicios y la computación en la nube, donde los recursos pueden incrementarse o disminuirse dinámicamente según la demanda.

La escalabilidad horizontal ofrece varias ventajas significativas. La más importante es la redundancia y la alta disponibilidad. Al distribuir la carga entre múltiples servidores, el sistema puede continuar funcionando incluso si uno de los servidores falla. Esto reduce el riesgo de interrupciones y mejora la resiliencia general de la aplicación. Además, la escalabilidad horizontal es más flexible y económica a largo plazo. En lugar de invertir en hardware costoso, las organizaciones pueden utilizar servidores más pequeños y asequibles que se añaden o eliminan según las necesidades del momento.

La implementación de la escalabilidad horizontal, sin embargo, presenta desafíos técnicos. Requiere una arquitectura de aplicación diseñada para operar en un entorno distribuido, lo que incluye la gestión de la sincronización de datos, la comunicación entre servicios y el equilibrio de carga. El balanceo de carga es un componente crucial en este enfoque, ya que distribuye las solicitudes entrantes de manera equitativa entre los servidores disponibles. Herramientas como Nginx, HAProxy o los balanceadores de carga proporcionados por servicios en la nube, como AWS Elastic Load Balancer, facilitan esta tarea.

La gestión de datos en un entorno escalado horizontalmente también puede ser compleja. Las bases de datos relacionales tradicionales, como MySQL o PostgreSQL, están diseñadas principalmente para operar en un solo nodo. Para escalar horizontalmente, es necesario implementar técnicas como la replicación de bases de datos, la partición o "sharding" y el uso de bases de datos NoSQL, que están mejor adaptadas para manejar grandes volúmenes de datos distribuidos. MongoDB, Cassandra y DynamoDB son ejemplos de bases de datos que permiten una escalabilidad horizontal eficiente.

Un aspecto importante a considerar al elegir entre escalabilidad vertical y horizontal es el tipo de carga de trabajo que maneja la aplicación. Las aplicaciones con cargas de trabajo predecibles y constantes pueden beneficiarse de la escalabilidad vertical, mientras que las aplicaciones con cargas variables, como sitios web de comercio electrónico durante eventos de ventas o aplicaciones de redes sociales que experimentan picos de tráfico inesperados, se benefician más de la escalabilidad horizontal.

La computación en la nube ha hecho que la escalabilidad horizontal sea más accesible y práctica para organizaciones de todos los tamaños. Plataformas como Amazon Web Services, Microsoft Azure y Google Cloud Platform ofrecen servicios que permiten escalar aplicaciones de manera automática en respuesta a la demanda. Estas plataformas proporcionan herramientas para la gestión de instancias, almacenamiento, redes y bases de datos, todo ello diseñado para soportar arquitecturas escalables horizontalmente. La capacidad de escalar automáticamente según la demanda no solo mejora el rendimiento y la disponibilidad, sino que también optimiza los costos operativos, ya que las organizaciones solo pagan por los recursos que realmente utilizan.

La escalabilidad no se limita a la infraestructura, también debe considerarse en el diseño del software. Las aplicaciones deben estar desarrolladas de manera que puedan aprovechar eficazmente los recursos adicionales. Esto incluye la implementación de técnicas de programación paralela, la optimización de algoritmos y la adopción de arquitecturas sin estado, donde los datos de sesión no se almacenan en el servidor individual, sino en un almacenamiento compartido o en cookies del lado del cliente. Las arquitecturas sin estado facilitan el escalado horizontal, ya que cualquier instancia del servidor puede manejar cualquier solicitud sin depender del estado almacenado localmente.

La monitorización y el análisis de métricas son fundamentales para gestionar la escalabilidad de manera efectiva. Herramientas como Prometheus, Grafana y CloudWatch permiten a los desarrolladores y administradores de sistemas supervisar el rendimiento de la aplicación y la utilización de los recursos en tiempo real. Estos datos son esenciales para tomar decisiones informadas sobre cuándo y cómo escalar la infraestructura. Además, el análisis de métricas puede identificar cuellos de botella y oportunidades de optimización, mejorando la eficiencia general del sistema.

La seguridad también es un aspecto crítico en entornos escalables. A medida que se añaden más servidores y servicios, la superficie de ataque potencial aumenta. Es fundamental implementar prácticas de seguridad sólidas, como la autenticación y autorización adecuadas, la encriptación de datos en tránsito y en reposo, y la aplicación de parches y actualizaciones de seguridad de manera oportuna. Además, la segmentación de redes y el uso de firewalls y sistemas de detección de intrusiones ayudan a proteger la infraestructura escalada contra amenazas externas e internas.

La elección entre escalabilidad vertical y horizontal depende de varios factores, incluidos los requisitos de la aplicación, el presupuesto disponible, la experiencia técnica del equipo y los objetivos a largo plazo de la organización. En muchos casos, una combinación de ambos enfoques puede ser la mejor solución. Por ejemplo, una aplicación puede escalar verticalmente hasta un cierto punto para aprovechar al máximo la capacidad de un servidor, y luego escalar horizontalmente añadiendo más servidores cuando sea necesario. Este enfoque híbrido permite optimizar tanto el rendimiento como los costos, adaptándose a las necesidades cambiantes del negocio.

La escalabilidad es un aspecto esencial del desarrollo de aplicaciones backend modernas. La capacidad de manejar un crecimiento en la carga de trabajo de manera eficiente y rentable es clave para el éxito de cualquier aplicación en el entorno digital actual. Ya sea a través de la escalabilidad vertical, horizontal o una combinación de ambas, las organizaciones deben diseñar y gestionar sus sistemas con la escalabilidad en mente, asegurando que puedan crecer y adaptarse a medida que evolucionan las demandas del mercado y los usuarios.

Fundamentos de GraphQL

GraphQL es un lenguaje de consulta para APIs que fue desarrollado por Facebook en 2012 y liberado como proyecto de código abierto en 2015. Desde entonces, ha ganado popularidad entre los desarrolladores por su flexibilidad, eficiencia y capacidad para optimizar la comunicación entre clientes y servidores. A diferencia de las APIs REST tradicionales, que requieren múltiples solicitudes a diferentes endpoints para obtener datos relacionados, GraphQL permite a los clientes solicitar exactamente los datos que necesitan en una sola consulta. Esta característica reduce la sobrecarga de red y mejora el rendimiento de las aplicaciones.

El núcleo de GraphQL se basa en un esquema fuertemente tipado que define la estructura de los datos disponibles a través de la API. Este esquema actúa como un contrato entre el cliente y el servidor, especificando qué tipos de datos se pueden consultar, cómo están relacionados entre sí y qué operaciones se pueden realizar. Los tipos básicos en GraphQL incluyen tipos escalares como String, Int, Float, Boolean y ID, así como tipos personalizados que permiten modelar estructuras de datos complejas. La definición del esquema se realiza utilizando el lenguaje de esquema de GraphQL (SDL), que proporciona una sintaxis clara y legible para describir los tipos de datos y sus relaciones.

Una de las características distintivas de GraphQL es su capacidad para realizar consultas precisas y eficientes. En una consulta de GraphQL, el cliente especifica exactamente qué campos desea recibir, lo que elimina la necesidad de transferir datos innecesarios. Esto contrasta con las APIs REST, donde las respuestas suelen incluir todos los campos disponibles, incluso si el cliente solo necesita una parte de ellos. La capacidad de solicitar solo los datos necesarios no solo mejora la eficiencia de la red, sino que también simplifica el manejo de datos en el lado del cliente.

Además de las consultas, GraphQL permite realizar mutaciones, que son operaciones utilizadas para modificar datos en el servidor. Las mutaciones siguen una sintaxis similar a las consultas, pero están diseñadas para crear, actualizar o eliminar recursos. Cada mutación puede devolver datos específicos, permitiendo al cliente obtener una respuesta inmediata sobre el estado de la operación. Esta capacidad de obtener resultados detallados después de una mutación facilita la actualización del estado de la aplicación y mejora la experiencia del usuario.

Otra característica poderosa de GraphQL es la suscripción a eventos en tiempo real. Las suscripciones permiten al cliente recibir actualizaciones automáticas del servidor cuando ocurren cambios en los datos. Esto es especialmente útil en aplicaciones que requieren actualizaciones en tiempo real, como chats, notificaciones o paneles de control en vivo. Las suscripciones se implementan utilizando protocolos como WebSockets, que permiten una comunicación bidireccional entre el cliente y el servidor.

La estructura de una API GraphQL se basa en un único endpoint, a diferencia de las APIs REST que suelen tener múltiples endpoints para diferentes recursos. Este enfoque unificado simplifica la arquitectura de la API y facilita el mantenimiento y la evolución del sistema. El único endpoint de GraphQL actúa como una puerta de entrada para todas las consultas, mutaciones y suscripciones, lo que proporciona una mayor flexibilidad y control sobre el acceso a los datos.

El resolutor es un componente clave en la arquitectura de GraphQL. Los resolutores son funciones que se encargan de obtener los datos solicitados por el cliente. Cada campo en una consulta de GraphQL tiene un resolutor asociado que define cómo se deben recuperar los datos. Estos resolutores pueden obtener datos de diversas fuentes, como bases de datos, APIs externas o servicios internos. La flexibilidad de los resolutores permite integrar múltiples fuentes de datos en una sola API GraphQL, lo que facilita la construcción de aplicaciones complejas y ricas en funcionalidades.

El desarrollo de APIs GraphQL también ofrece ventajas en términos de documentación y descubrimiento de la API. Dado que el esquema de GraphQL define explícitamente la estructura y los tipos de datos disponibles, las herramientas de desarrollo pueden generar documentación automática y exploradores interactivos, como

GraphiQL o Apollo Studio. Estas herramientas permiten a los desarrolladores explorar la API, probar consultas y obtener información detallada sobre los tipos y campos disponibles, lo que mejora la productividad y facilita la adopción de la API por parte de nuevos usuarios.

A pesar de sus numerosas ventajas, la adopción de GraphQL también presenta desafíos. La flexibilidad de las consultas puede llevar a problemas de rendimiento si no se gestionan adecuadamente. Por ejemplo, los clientes pueden realizar consultas muy complejas que consuman muchos recursos del servidor. Para mitigar estos riesgos, es importante implementar medidas de control, como la limitación de la profundidad de las consultas, la paginación de resultados y la definición de costos de consulta. Estas prácticas ayudan a garantizar que la API se mantenga eficiente y escalable, incluso bajo cargas de trabajo intensivas.

La seguridad es otro aspecto crucial en el desarrollo de APIs GraphQL. Al igual que con cualquier API, es importante implementar mecanismos de autenticación y autorización para proteger los datos sensibles. GraphQL permite integrar fácilmente estos mecanismos en los resolutores, controlando el acceso a los datos en función de los permisos del usuario. Además, la validación de las entradas y la protección contra ataques como la inyección de consultas son prácticas esenciales para mantener la seguridad de la API.

La integración de GraphQL en aplicaciones frontend es facilitada por bibliotecas y herramientas que simplifican la gestión de consultas y el manejo de datos. Apollo Client y Relay son dos de las bibliotecas más populares para integrar GraphQL en aplicaciones React, ofreciendo características como el almacenamiento en caché, la gestión de estados y la sincronización en tiempo real. Estas herramientas permiten a los desarrolladores construir interfaces de usuario reactivas y eficientes que se actualizan automáticamente en función de los cambios en los datos.

GraphQL también se puede combinar con otros paradigmas y tecnologías para crear soluciones más robustas y flexibles. Por ejemplo, se puede utilizar junto con arquitecturas de microservicios para unificar múltiples servicios en una sola API GraphQL. Esto facilita la gestión de la comunicación entre servicios y proporciona una capa de abstracción que simplifica el acceso a los datos. Además, la integración de GraphQL con tecnologías de bases de datos como Prisma permite automatizar la generación de resolutores y esquemas, acelerando el desarrollo de la API.

La adopción de GraphQL está creciendo en diversas industrias, desde el comercio electrónico y las redes sociales hasta la atención médica y la educación. Su capacidad para optimizar la comunicación entre clientes y servidores, mejorar el rendimiento de las aplicaciones y simplificar la gestión de datos lo convierte en una herramienta valiosa para los desarrolladores backend. A medida que las aplicaciones continúan evolucionando hacia arquitecturas más complejas y distribuidas, GraphQL ofrece una solución flexible y escalable para los desafíos del desarrollo moderno.

Servidores y plataformas serverless

El desarrollo de aplicaciones backend ha evolucionado significativamente con la introducción de arquitecturas serverless. Tradicionalmente, los servidores físicos y virtuales han sido la columna vertebral de las aplicaciones, proporcionando la infraestructura necesaria para ejecutar código, gestionar bases de datos y almacenar archivos. Sin embargo, con la creciente demanda de aplicaciones más ágiles, escalables y rentables, las plataformas serverless han surgido como una alternativa que elimina la necesidad de gestionar la infraestructura subyacente.

El concepto de serverless, o computación sin servidor, no significa que no existan servidores involucrados. Más bien, implica que los desarrolladores no necesitan preocuparse por la configuración, el mantenimiento o la escalabilidad de los servidores. En su lugar, estas responsabilidades se transfieren al proveedor de servicios en la nube, como Amazon Web Services (AWS), Microsoft Azure o Google Cloud Platform (GCP). Los desarrolladores pueden centrarse en escribir el código de la aplicación, mientras que la plataforma serverless se encarga automáticamente de ejecutar el código en respuesta a eventos, escalar los recursos según la demanda y manejar la infraestructura de manera eficiente.

Uno de los servicios más conocidos en el ámbito serverless es AWS Lambda. Lambda permite ejecutar funciones en la nube sin necesidad de aprovisionar ni gestionar servidores. Los desarrolladores simplemente escriben funciones que responden a eventos específicos, como solicitudes HTTP, cambios en una base de datos o la carga de archivos en un almacenamiento en la nube. Cada vez que se produce el evento, la función se ejecuta automáticamente y se escala en función de la cantidad de solicitudes, lo que permite manejar picos de tráfico sin intervención manual. Esta capacidad de escalar automáticamente no solo mejora el rendimiento, sino que también optimiza los costos, ya que los usuarios solo pagan por el tiempo de ejecución y los recursos utilizados durante la ejecución de las funciones.

Otra plataforma serverless popular es Google Cloud Functions, que ofrece funcionalidades similares a AWS Lambda, pero integradas en el ecosistema de Google Cloud. Microsoft Azure Functions es otra opción que permite a los desarrolladores construir aplicaciones altamente escalables utilizando una amplia gama de lenguajes de programación y herramientas. Estas plataformas ofrecen integraciones nativas con otros servicios en la nube, facilitando la creación de aplicaciones complejas que combinan diferentes tecnologías y servicios.

El modelo serverless ofrece varias ventajas clave para el desarrollo de aplicaciones backend. La primera es la escalabilidad automática, que permite que las aplicaciones se ajusten dinámicamente a la demanda sin la necesidad de configurar o gestionar servidores adicionales. Esto es especialmente útil para aplicaciones que experimentan picos de tráfico impredecibles, como las aplicaciones de comercio electrónico durante eventos de ventas o las plataformas de medios sociales durante momentos de alta actividad.

Otra ventaja importante es el modelo de pago por uso. En lugar de pagar por servidores que pueden estar inactivos durante largos períodos de tiempo, los usuarios de plataformas serverless solo pagan por el tiempo en que su código se ejecuta. Esto puede resultar en ahorros significativos, especialmente para aplicaciones con cargas de trabajo variables o intermitentes. Además, al eliminar la necesidad de gestionar servidores, los equipos de desarrollo pueden centrarse más en la creación de nuevas funcionalidades y en la mejora de la experiencia del usuario, en lugar de en tareas operativas.

La flexibilidad es otro beneficio notable del modelo serverless. Los desarrolladores pueden escribir funciones en varios lenguajes de programación, como Python, JavaScript, Java y Go, lo que permite utilizar las herramientas y tecnologías que mejor se adapten a las necesidades del proyecto. Además, la capacidad de integrar fácilmente estas funciones con otros servicios en la nube, como bases de datos, almacenamiento y servicios de mensajería, facilita la construcción de aplicaciones modulares y altamente adaptables.

Sin embargo, el uso de plataformas serverless también presenta desafíos que deben considerarse cuidadosamente. Uno de los principales desafíos es el tiempo de arranque en frío, que se refiere al tiempo que tarda una función en ejecutarse cuando no ha sido utilizada recientemente. Aunque este retraso suele ser mínimo, puede afectar la experiencia del usuario en aplicaciones que requieren respuestas en tiempo real. Los proveedores de servicios están trabajando continuamente para minimizar estos tiempos, y existen estrategias como mantener funciones "calientes" mediante la ejecución periódica para mitigar este problema.

La complejidad en la depuración y el monitoreo es otro desafío asociado con las arquitecturas serverless. Dado que las funciones se ejecutan en entornos gestionados y aislados, puede ser más difícil rastrear y diagnosticar problemas en comparación con las aplicaciones que se ejecutan en servidores tradicionales. Sin embargo, los proveedores de servicios en la nube ofrecen herramientas avanzadas de monitoreo y logging, como AWS CloudWatch, Google Stackdriver y Azure Monitor, que ayudan a los desarrolladores a obtener visibilidad sobre el rendimiento de sus funciones y a identificar posibles problemas.

La gestión del estado también es un aspecto crítico en las aplicaciones serverless. Dado que las funciones serverless son inherentemente sin estado, es necesario utilizar servicios externos, como bases de datos o almacenamiento en caché, para mantener la persistencia de los datos entre ejecuciones. Esto requiere una arquitectura bien planificada para garantizar la consistencia y la integridad de los datos, especialmente en aplicaciones complejas que manejan múltiples fuentes de datos y procesos concurrentes.

La seguridad es una consideración fundamental en cualquier arquitectura, y el modelo serverless no es una excepción. Aunque los proveedores de servicios en la nube gestionan gran parte de la seguridad de la infraestructura, los desarrolladores son responsables de proteger su código y los datos que manejan sus aplicaciones. Esto incluye la implementación de prácticas seguras de desarrollo, la gestión adecuada de las credenciales y el uso de mecanismos de autenticación y autorización robustos. Las plataformas serverless ofrecen herramientas para gestionar la seguridad, como el cifrado de datos, las políticas de control de acceso basadas en roles (RBAC) y la integración con servicios de gestión de identidades.

El uso de arquitecturas serverless también ha impulsado la adopción de patrones de diseño modernos, como el diseño basado en eventos y las arquitecturas de microservicios. En un diseño basado en eventos, las funciones serverless responden a eventos generados por otros servicios o aplicaciones, lo que permite construir sistemas altamente reactivos y modulares. Esto facilita la implementación de nuevas funcionalidades y la adaptación a cambios en los requisitos del negocio, mejorando la agilidad y la capacidad de innovación de las organizaciones.

La combinación de plataformas serverless con otras tecnologías emergentes, como la inteligencia artificial y el aprendizaje automático, abre nuevas oportunidades para el desarrollo de aplicaciones inteligentes y adaptativas. Los servicios en la nube permiten integrar fácilmente modelos de aprendizaje automático en aplicaciones serverless, lo que permite a los desarrolladores crear soluciones que pueden analizar grandes volúmenes de datos, identificar patrones y tomar decisiones informadas en tiempo real.

Las plataformas serverless han transformado el desarrollo de aplicaciones backend al ofrecer una solución escalable, rentable y flexible que elimina la necesidad de gestionar infraestructura compleja. A medida que las tecnologías serverless continúan evolucionando, su adopción seguirá creciendo, impulsada por la necesidad de aplicaciones más ágiles y eficientes que puedan adaptarse rápidamente a las demandas cambiantes del mercado. Los desarrolladores que comprendan y aprovechen las capacidades de las plataformas serverless estarán mejor posicionados para crear soluciones innovadoras que satisfagan las necesidades de los usuarios y impulsen el éxito empresarial.

Optimización de consultas en bases de datos

La optimización de consultas en bases de datos es un aspecto fundamental en el desarrollo y mantenimiento de aplicaciones backend. A medida que las aplicaciones crecen en complejidad y volumen de datos, la eficiencia con la que se recupera la información de la base de datos puede marcar la diferencia entre una aplicación ágil y una que sufre de tiempos de respuesta lentos y una mala experiencia de usuario. Por ello, comprender y aplicar técnicas de optimización es esencial para garantizar el rendimiento y la escalabilidad de cualquier sistema.

El primer paso en la optimización de consultas es entender cómo funcionan las bases de datos relacionales y no relacionales en la recuperación de datos. En las bases de datos relacionales, las consultas se realizan utilizando SQL (Structured Query Language), que permite seleccionar, insertar, actualizar y eliminar datos. Las bases de datos no relacionales, como MongoDB, utilizan otros lenguajes y estructuras, pero comparten el mismo principio: acceder a los datos de la manera más eficiente posible. Independientemente del tipo de base de datos, las consultas mal diseñadas pueden generar una carga innecesaria en el sistema, provocando tiempos de respuesta largos y consumo excesivo de recursos.

Uno de los aspectos más importantes para optimizar consultas es el uso adecuado de índices. Un índice es una estructura de datos que permite acceder rápidamente a las filas de una tabla sin necesidad de escanear todos los registros. Al igual que un índice en un libro permite encontrar rápidamente un tema específico, los índices en una base de datos facilitan la localización de registros basados en uno o más campos. Sin embargo, la creación de índices debe hacerse con cuidado, ya que un exceso de ellos puede ralentizar las operaciones de escritura, como las inserciones y actualizaciones, debido al tiempo adicional necesario para mantener los índices actualizados.

El análisis de las consultas mediante herramientas como los planes de ejecución es esencial para identificar cuellos de botella y áreas de mejora. Los planes de ejecución muestran cómo la base de datos procesa una consulta, detallando los pasos que sigue para acceder y manipular los datos. Esta información permite a los desarrolladores identificar operaciones costosas, como escaneos completos de tablas o uniones ineficientes, y ajustar las consultas para mejorar su rendimiento. Por ejemplo, reescribir una consulta para utilizar un índice existente o dividir una consulta compleja en varias más simples puede reducir significativamente el tiempo de ejecución.

La normalización y desnormalización de la base de datos también juegan un papel importante en la optimización de consultas. La normalización es el proceso de organizar los datos en tablas para reducir la redundancia y mejorar la integridad de los datos. Sin embargo, una base de datos altamente normalizada puede requerir múltiples uniones para recuperar información relacionada, lo que puede afectar el rendimiento de las consultas. En algunos casos, la desnormalización, que implica duplicar ciertos datos para reducir la necesidad de uniones, puede mejorar la velocidad de las consultas a costa de aumentar la complejidad en la gestión de los datos.

El uso de consultas parametrizadas y procedimientos almacenados es otra técnica eficaz para optimizar el rendimiento. Las consultas parametrizadas permiten reutilizar el mismo comando SQL con diferentes valores, lo que no solo mejora la seguridad al prevenir inyecciones SQL, sino que también puede mejorar el rendimiento al permitir que el motor de la base de datos reutilice los planes de ejecución. Los procedimientos almacenados, por su parte, son bloques de código SQL precompilados que se almacenan en la base de datos y pueden ejecutarse múltiples veces sin la necesidad de recompilación, reduciendo así la carga de procesamiento.

La gestión eficiente de las transacciones es crucial para mantener el rendimiento de la base de datos. Las transacciones permiten agrupar múltiples operaciones en una sola unidad de trabajo que se ejecuta de forma atómica, es decir, o todas las operaciones se completan correctamente o ninguna de ellas se aplica. Sin embargo, las transacciones largas o mal gestionadas pueden bloquear recursos y ralentizar el acceso a la base de datos. Por lo tanto, es importante mantener las transacciones lo más breves posible y asegurarse de liberar los recursos tan pronto como ya no sean necesarios.

La paginación de resultados es otra técnica importante para optimizar consultas que devuelven grandes conjuntos de datos. En lugar de recuperar todos los registros de una sola vez, la paginación divide los resultados en bloques más pequeños que se pueden cargar según sea necesario. Esto no solo mejora el rendimiento al reducir la cantidad de datos transferidos en cada solicitud, sino que también mejora la experiencia del usuario al permitir que la aplicación muestre los resultados más rápidamente.

El caching es una estrategia complementaria que puede mejorar significativamente el rendimiento de las consultas. Al almacenar en caché los resultados de consultas frecuentes, se reduce la necesidad de acceder repetidamente a la base de datos para obtener la misma información. Herramientas como Redis o Memcached permiten implementar soluciones de caché efectivas que pueden integrarse fácilmente en aplicaciones backend. Sin embargo, el uso de caché debe gestionarse cuidadosamente para garantizar que los datos almacenados estén actualizados y sean consistentes con la base de datos principal.

La optimización de consultas también debe considerar el diseño general de la base de datos y la arquitectura de la aplicación. La partición o "sharding" de la base de datos, que divide los datos en múltiples servidores, puede mejorar el rendimiento al distribuir la carga de trabajo. Asimismo, el uso de bases de datos especializadas para diferentes tipos de datos o cargas de trabajo, como bases de datos de series temporales para datos cronológicos o bases de datos gráficas para relaciones complejas, puede mejorar la eficiencia y el rendimiento general del sistema.

El monitoreo continuo del rendimiento de la base de datos es esencial para identificar problemas y oportunidades de mejora. Herramientas como MySQL Performance Schema, PostgreSQL pg_stat_statements o servicios en la nube como Amazon RDS Performance Insights proporcionan métricas detalladas sobre el rendimiento de las consultas y el uso de recursos. Estos datos permiten a los desarrolladores y administradores de bases de datos ajustar las configuraciones, optimizar las consultas y planificar el escalado de la infraestructura según sea necesario.

La formación y el conocimiento del equipo de desarrollo también son factores clave en la optimización de consultas. Comprender los principios básicos de diseño de bases de datos, las mejores prácticas en la escritura de consultas y el uso de herramientas de análisis y monitoreo permite a los desarrolladores crear aplicaciones más eficientes y escalables. La colaboración entre desarrolladores, administradores de bases de datos y otros equipos técnicos facilita la identificación y resolución de problemas de rendimiento, asegurando que la base de datos y la aplicación funcionen de manera óptima.

La optimización de consultas en bases de datos es un proceso continuo que requiere atención constante y un enfoque proactivo. A medida que las aplicaciones evolucionan y crecen, las necesidades de rendimiento y eficiencia también cambian, lo que requiere ajustes y mejoras continuas en la forma en que se gestionan y recuperan los datos. Adoptar una mentalidad de mejora continua y estar al tanto de las últimas técnicas y herramientas en optimización de bases de datos permite a los desarrolladores construir aplicaciones robustas y de alto rendimiento que pueden escalar y adaptarse a las demandas cambiantes del negocio y los usuarios.

Gestión de versiones de la API

La gestión de versiones de una API es un aspecto fundamental en el desarrollo y mantenimiento de aplicaciones backend. A medida que las APIs evolucionan, introduciendo nuevas características, mejoras y correcciones de errores, es esencial mantener la compatibilidad con los clientes existentes sin interrumpir su funcionamiento. La correcta gestión de versiones permite a los desarrolladores introducir cambios de manera estructurada y predecible, garantizando la estabilidad y la continuidad del servicio.

La necesidad de versionar una API surge cuando se realizan cambios que afectan la forma en que los clientes interactúan con ella. Estos cambios pueden incluir modificaciones en la estructura de los datos, la eliminación o adición de endpoints, o la alteración del comportamiento de las funciones existentes. Sin un sistema de versionado adecuado, estos cambios pueden causar incompatibilidades que afecten negativamente a los usuarios que dependen de la API. El versionado proporciona un marco que permite a los desarrolladores implementar estos cambios sin afectar a los clientes que aún utilizan versiones anteriores.

Existen varias estrategias para gestionar las versiones de una API, y la elección de la más adecuada dependerá de las necesidades específicas del proyecto y de las prácticas del equipo de desarrollo. Una de las estrategias más comunes es el versionado basado en la URL, donde el número de versión se incluye directamente en la ruta de la API. Por ejemplo, una API podría tener una URL como /api/v1/recursos, y una versión más reciente de la misma API podría estar disponible en /api/v2/recursos. Este enfoque es fácil de implementar y comprender, ya que la versión de la API es claramente visible y explícita en la ruta.

Otra estrategia popular es el versionado basado en encabezados HTTP. En este enfoque, la versión de la API se especifica en un encabezado de la solicitud HTTP, como Accept: application/vnd.miapi.v1+json. Este método tiene la ventaja de mantener las URLs limpias y consistentes, lo que puede ser útil en aplicaciones donde la estructura de la URL es importante. Sin embargo, requiere que los clientes configuren adecuadamente los encabezados de sus solicitudes, lo que puede añadir cierta complejidad.

El versionado basado en parámetros de consulta es otra opción, donde la versión de la API se pasa como un parámetro en la URL, como /api/recursos?version=1. Este método es fácil de implementar y permite a los clientes cambiar de versión sin modificar la estructura de la URL principal. No obstante, puede hacer que las URLs sean menos legibles y más propensas a errores si no se gestionan correctamente.

Cada una de estas estrategias tiene sus ventajas y desventajas, y la elección entre ellas debe basarse en factores como la facilidad de implementación, la claridad para los desarrolladores y la flexibilidad para adaptarse a futuros cambios. Independientemente de la estrategia elegida, es fundamental establecer una política clara de versionado que defina cómo se introducen los cambios y cómo se gestionan las versiones antiguas.

La compatibilidad hacia atrás es un principio clave en la gestión de versiones de una API. Siempre que sea posible, los cambios en la API deben ser compatibles con las versiones anteriores, de modo que los clientes existentes no se vean obligados a actualizar inmediatamente. Los cambios compatibles hacia atrás pueden incluir la adición de nuevos campos a la respuesta de una API o la introducción de nuevos endpoints que no afectan a los existentes. Por el contrario, los cambios incompatibles hacia atrás, como la eliminación de campos o la modificación de la estructura de los datos, deben gestionarse cuidadosamente y normalmente requieren un incremento en el número de versión principal.

El versionado semántico es una práctica común que proporciona un enfoque estructurado para la gestión de versiones. En el versionado semántico, las versiones de la API se representan con tres números separados por puntos, como 1.2.3. El primer número indica la versión principal, que cambia cuando se introducen cambios incompatibles hacia atrás. El segundo número representa la versión secundaria, que se incrementa cuando se añaden nuevas características de manera compatible hacia atrás. El tercer número es la versión de parche, que cambia cuando se corrigen errores sin alterar la funcionalidad existente. Este enfoque facilita la comprensión de la naturaleza de los cambios entre versiones y proporciona una guía clara para los desarrolladores y usuarios de la API.

La documentación juega un papel crucial en la gestión de versiones de una API. Cada versión de la API debe estar bien documentada, proporcionando información clara sobre los cambios introducidos, las nuevas características disponibles y cualquier incompatibilidad conocida. Las herramientas de documentación automatizada, como Swagger o OpenAPI, pueden facilitar la creación y el mantenimiento de documentación precisa y actualizada para múltiples versiones de una API. Además, proporcionar ejemplos de código y guías de migración puede ayudar a los desarrolladores a actualizar sus aplicaciones de manera eficiente y sin problemas.

La gestión de versiones también implica la planificación del ciclo de vida de la API, incluyendo la deprecación y eventual eliminación de versiones antiguas. La deprecación es el proceso de marcar una versión de la API como obsoleta, indicando a los usuarios que deben migrar a una versión más reciente. Es importante comunicar claramente las fechas de deprecación y los plazos para la eliminación de versiones antiguas, proporcionando a los usuarios el tiempo suficiente para adaptarse a los cambios. La eliminación de versiones obsoletas debe realizarse de manera cuidadosa, asegurando que los usuarios hayan tenido la oportunidad de actualizar sus aplicaciones y que la transición sea lo más fluida posible.

La automatización puede desempeñar un papel importante en la gestión de versiones de una API. Integrar herramientas de integración continua y despliegue continuo (CI/CD) permite automatizar el proceso de despliegue de nuevas versiones y la actualización de la documentación. Además, el uso de pruebas automatizadas garantiza que las nuevas versiones de la API funcionen correctamente y que los cambios no introduzcan errores en el comportamiento existente. Estas prácticas no solo mejoran la eficiencia del proceso de desarrollo, sino que también aumentan la calidad y la confiabilidad de la API.

La gestión de versiones de una API no es solo una cuestión técnica, sino también una parte fundamental de la relación con los usuarios y desarrolladores que dependen de ella. Mantener una comunicación clara y transparente sobre los cambios, proporcionar soporte y recursos adecuados para la migración, y garantizar la estabilidad y la compatibilidad son aspectos esenciales para el éxito a largo plazo de cualquier API. Una estrategia de versionado bien diseñada y gestionada no solo facilita el desarrollo y mantenimiento de la API, sino que también mejora la experiencia del usuario y la adopción de la API por parte de la comunidad.

Implementación de WebSockets para aplicaciones en tiempo real

El desarrollo de aplicaciones en tiempo real ha ganado una enorme popularidad en los últimos años, impulsado por la necesidad de experiencias interactivas e instantáneas en plataformas como chats, juegos en línea, sistemas de notificaciones y aplicaciones de colaboración. Para satisfacer estas demandas, los WebSockets se han consolidado como una tecnología esencial que permite la comunicación bidireccional y persistente entre clientes y servidores. A diferencia del modelo tradicional de solicitudes HTTP, donde el cliente debe iniciar la comunicación para cada intercambio de datos, los WebSockets permiten mantener una conexión abierta y continua que facilita el flujo constante de información en tiempo real.

El protocolo WebSocket fue estandarizado por la IETF como RFC 6455 en 2011 y está soportado de forma nativa por la mayoría de los navegadores modernos. A diferencia del protocolo HTTP, que es sin estado y orientado a solicitudes, WebSocket establece una conexión persistente que permanece abierta hasta que una de las partes decide cerrarla. Esto permite que tanto el cliente como el servidor puedan enviar mensajes en cualquier momento sin necesidad de realizar nuevas solicitudes. Esta capacidad de comunicación bidireccional es fundamental para aplicaciones que requieren actualizaciones constantes y rápidas, como las plataformas de trading financiero, los sistemas de monitoreo en vivo y los juegos multijugador.

La implementación de WebSockets comienza con el establecimiento de una conexión desde el cliente. Esto se realiza mediante una solicitud HTTP especial conocida como "handshake". Durante este proceso, el cliente envía una solicitud de conexión al servidor utilizando el protocolo ws:// para conexiones no seguras o wss:// para conexiones seguras, similares a HTTPS. Si el servidor soporta WebSockets, responde con un código de estado 101, que indica la transición del protocolo HTTP a WebSocket. A partir de este punto, la conexión se mantiene abierta, y ambos extremos pueden intercambiar mensajes en formato texto o binario.

Uno de los principales beneficios de WebSockets es la reducción de la latencia en la comunicación. Dado que la conexión se mantiene abierta, no es necesario establecer una nueva conexión para cada mensaje, lo que elimina la sobrecarga asociada con el establecimiento repetido de conexiones HTTP. Esto se traduce en tiempos de respuesta más rápidos y un menor uso de recursos, tanto en el cliente como en el servidor. Además, el protocolo WebSocket es más eficiente en el uso del ancho de banda, ya que el intercambio de datos se realiza con una mínima sobrecarga de encabezados.

La integración de WebSockets en aplicaciones backend requiere la elección de un servidor que soporte este protocolo. En el ecosistema de Node.js, por ejemplo, bibliotecas como ws y socket.io son ampliamente utilizadas para manejar conexiones WebSocket. Mientras que ws proporciona una implementación básica y ligera del protocolo, socket.io ofrece funcionalidades adicionales como la reconexión automática, la emisión de eventos personalizados y la capacidad de trabajar con múltiples protocolos de transporte como fallback, en caso de que WebSocket no esté disponible. En otros lenguajes, como Python, frameworks como Django Channels o FastAPI permiten la integración de WebSockets de manera eficiente.

La gestión de múltiples conexiones concurrentes es uno de los desafíos clave en la implementación de WebSockets. A medida que la aplicación escala, el servidor debe ser capaz de manejar miles o incluso millones de conexiones simultáneas. Para lograr esto, es fundamental utilizar arquitecturas no bloqueantes y basadas en eventos, que permitan procesar múltiples solicitudes de manera eficiente sin consumir excesivos recursos. La utilización de balanceadores de carga y la distribución de conexiones entre múltiples instancias del servidor también son estrategias esenciales para garantizar la escalabilidad y la disponibilidad del sistema.

La seguridad en aplicaciones basadas en WebSockets es un aspecto crítico que no debe pasarse por alto. Aunque el protocolo WebSocket en sí mismo proporciona un canal de comunicación eficiente, no incluye mecanismos de seguridad inherentes. Por esta razón, es esencial utilizar conexiones seguras mediante el protocolo wss://, que cifra los datos utilizando TLS/SSL, protegiendo la información contra posibles interceptaciones y ataques de intermediarios. Además, la autenticación y autorización deben implementarse para garantizar que solo los usuarios autorizados puedan establecer conexiones y acceder a los datos. Esto se puede lograr mediante el uso de tokens JWT (JSON Web Tokens) o sesiones autenticadas, que se validan durante el proceso de establecimiento de la conexión.

El manejo adecuado de la desconexión y la reconexión es otro aspecto importante en la implementación de WebSockets. Las conexiones pueden interrumpirse por diversas razones, como la pérdida de la conexión a Internet, el cierre inesperado del navegador o problemas en el servidor. Implementar mecanismos de detección de desconexiones y reconexión automática ayuda a mantener la continuidad de la comunicación y mejora la experiencia del usuario. Bibliotecas como socket.io facilitan esta tarea al proporcionar funcionalidades integradas para la reconexión y la gestión de errores.

El uso de WebSockets también requiere considerar el diseño de la comunicación entre el cliente y el servidor. A diferencia de las APIs REST, donde las operaciones están claramente definidas mediante métodos HTTP y rutas, en WebSockets la comunicación se basa en el intercambio de mensajes. Definir un protocolo de mensajes claro y estructurado es esencial para garantizar que ambos extremos comprendan y procesen correctamente la información. El uso de formatos de datos como JSON o Protobuf facilita la serialización y deserialización de mensajes, asegurando una comunicación eficiente y comprensible.

El monitoreo y la depuración de aplicaciones que utilizan WebSockets presentan desafíos únicos debido a la naturaleza persistente y asíncrona de las conexiones. Herramientas de monitoreo como Prometheus y Grafana pueden integrarse para rastrear métricas clave como el número de conexiones activas, la latencia de los mensajes y el uso de recursos del servidor. Además, el registro detallado de eventos y errores es fundamental para identificar y resolver problemas de rendimiento o seguridad. En el lado del cliente, las herramientas de desarrollo de los navegadores modernos incluyen paneles de depuración para WebSockets, que permiten inspeccionar las conexiones y los mensajes intercambiados.

La integración de WebSockets con otras tecnologías y arquitecturas modernas, como los microservicios y la computación en la nube, amplía sus posibilidades y aplicaciones. Por ejemplo, en una arquitectura de microservicios, los mensajes recibidos a través de WebSockets pueden enrutarse a diferentes servicios mediante sistemas de mensajería como Kafka o RabbitMQ. Esto permite construir aplicaciones altamente escalables y modulares, donde cada servicio puede encargarse de una parte específica del procesamiento de datos. En la nube, servicios como AWS API Gateway y Azure Web PubSub ofrecen soluciones serverless para gestionar conexiones WebSocket, eliminando la necesidad de gestionar la infraestructura subyacente y permitiendo una escalabilidad automática.

Las aplicaciones en tiempo real que utilizan WebSockets ofrecen experiencias de usuario enriquecidas y dinámicas. Desde chats en línea y juegos multijugador hasta sistemas de monitoreo en vivo y aplicaciones de colaboración en tiempo real, la capacidad de mantener una comunicación fluida y constante entre el cliente y el servidor es fundamental para el éxito de estas plataformas. La implementación efectiva de WebSockets no solo mejora el rendimiento y la interactividad de las aplicaciones, sino que también abre nuevas oportunidades para innovar y crear soluciones que respondan de manera instantánea a las necesidades de los usuarios. A medida que la demanda de aplicaciones en tiempo real continúa creciendo, el dominio de WebSockets se convierte en una habilidad esencial para los desarrolladores backend que buscan construir sistemas modernos y escalables.

Pruebas de carga y estrés

Las pruebas de carga y estrés son fundamentales en el desarrollo de aplicaciones backend para garantizar que el sistema pueda manejar eficientemente grandes volúmenes de tráfico y datos. A medida que las aplicaciones crecen en complejidad y popularidad, es esencial comprender cómo responden bajo diferentes niveles de demanda para asegurar su rendimiento, estabilidad y disponibilidad. Estas pruebas permiten identificar cuellos de botella, evaluar la capacidad de escalabilidad del sistema y prever comportamientos en situaciones extremas, ayudando a mitigar riesgos antes de que afecten a los usuarios finales.

Las pruebas de carga consisten en simular múltiples usuarios accediendo al sistema de manera simultánea para evaluar su comportamiento bajo condiciones normales y pico de uso esperado. El objetivo principal de estas pruebas es verificar si el sistema puede manejar la cantidad de usuarios y transacciones prevista sin degradar su rendimiento. Durante una prueba de carga, se mide el tiempo de respuesta de las solicitudes, la utilización de recursos como la CPU, la memoria y el ancho de banda, así como la estabilidad de la aplicación. Estas métricas permiten identificar puntos débiles en la arquitectura que podrían afectar la experiencia del usuario durante momentos de alta demanda.

Por otro lado, las pruebas de estrés llevan el sistema más allá de sus límites operativos para observar cómo se comporta en condiciones extremas. El propósito de estas pruebas no es solo determinar el punto en el que el sistema falla, sino también evaluar cómo se recupera de fallos y si lo hace de manera segura. Las pruebas de estrés ayudan a identificar cómo responde el sistema ante picos inesperados de tráfico, errores en la infraestructura o fallos en componentes críticos. Al someter la aplicación a condiciones extremas, se pueden descubrir vulnerabilidades que no serían evidentes durante el uso normal, lo que permite fortalecer la resiliencia del sistema.

La planificación adecuada de las pruebas de carga y estrés es esencial para obtener resultados precisos y útiles. El primer paso es definir los objetivos de las pruebas, como identificar cuántos usuarios concurrentes puede manejar el sistema, cuánto tiempo tarda en responder a una solicitud o cómo se comporta cuando se alcanzan los límites de capacidad. También es importante establecer métricas claras que permitan evaluar el rendimiento del sistema, como el tiempo de respuesta, la tasa de transferencia de datos, el número de transacciones por segundo y la utilización de recursos.

Una vez definidos los objetivos y métricas, es necesario diseñar escenarios de prueba que reflejen las condiciones reales de uso de la aplicación. Esto implica simular diferentes patrones de tráfico, como el acceso simultáneo de múltiples usuarios, la ejecución de operaciones complejas y la interacción con diferentes componentes del sistema, como bases de datos, servicios externos y almacenamiento en la nube. Los escenarios deben incluir tanto condiciones normales de operación como situaciones de alta demanda y estrés extremo para obtener una visión completa del comportamiento del sistema.

La ejecución de las pruebas requiere herramientas especializadas que puedan generar la carga necesaria y recopilar métricas de rendimiento de manera precisa. Herramientas como Apache JMeter, Gatling y Locust son ampliamente utilizadas para realizar pruebas de carga y estrés en aplicaciones backend. Estas herramientas permiten simular miles de usuarios concurrentes, personalizar los escenarios de prueba y analizar los resultados en tiempo real. La elección de la herramienta adecuada dependerá de las necesidades específicas del proyecto, la complejidad de la aplicación y las características del entorno de prueba.

El análisis de los resultados de las pruebas es una etapa crítica para identificar problemas y oportunidades de mejora. Es importante examinar las métricas recopiladas para detectar patrones inusuales, como aumentos inesperados en el tiempo de respuesta, picos en la utilización de recursos o errores en la ejecución de transacciones. Los cuellos de botella comunes incluyen consultas ineficientes a la base de datos, problemas de concurrencia en el acceso a recursos compartidos, limitaciones en la capacidad de la red y configuraciones inadecuadas de los servidores. Identificar estos problemas permite tomar medidas correctivas, como optimizar el código, ajustar la configuración de la infraestructura o implementar soluciones de escalabilidad.

La repetición de las pruebas después de realizar ajustes es fundamental para verificar si las mejoras implementadas han tenido el efecto deseado. Las pruebas deben ejecutarse en diferentes fases del ciclo de desarrollo para garantizar que el rendimiento del sistema se mantenga estable a medida que se introducen nuevas características y cambios en la aplicación. Además, la realización periódica de pruebas de carga y estrés en el entorno de producción permite detectar problemas antes de que afecten a los usuarios y garantizar que el sistema pueda manejar el crecimiento futuro.

Las pruebas de carga y estrés también juegan un papel importante en la planificación de la capacidad y la escalabilidad del sistema. Los resultados de las pruebas proporcionan información valiosa sobre los límites actuales de la aplicación y ayudan a prever cuándo será necesario escalar la infraestructura para mantener el rendimiento. Esto permite tomar decisiones informadas sobre la inversión en recursos, la optimización de la arquitectura y la adopción de tecnologías que mejoren la capacidad de respuesta y la resiliencia del sistema.

La integración de las pruebas de carga y estrés en el ciclo de desarrollo continuo (CI/CD) es una práctica recomendada para garantizar la calidad del software. Al automatizar la ejecución de estas pruebas como parte del pipeline de desarrollo, se pueden detectar problemas de rendimiento de manera temprana y constante, lo que facilita la corrección de errores y la optimización del código. La automatización también permite ejecutar pruebas de manera regular y en diferentes entornos, asegurando que el rendimiento del sistema se mantenga consistente a lo largo del tiempo.

La documentación de los resultados y las lecciones aprendidas durante las pruebas es esencial para la mejora continua del sistema. Registrar los escenarios de prueba, las métricas recopiladas y las acciones correctivas tomadas permite construir un historial de rendimiento que puede utilizarse como referencia en futuras iteraciones del desarrollo. Además, compartir esta información con todo el equipo de desarrollo fomenta la colaboración y la comprensión de los desafíos relacionados con el rendimiento y la escalabilidad.

Las pruebas de carga y estrés no solo son útiles para aplicaciones en producción, sino que también son esenciales durante la fase de desarrollo y prueba. Identificar y resolver problemas de rendimiento desde el principio ayuda a evitar costosos retrabajos y garantiza que la aplicación esté preparada para enfrentar las demandas del mundo real. A medida que las aplicaciones continúan evolucionando y enfrentando nuevos desafíos, la capacidad de realizar pruebas de carga y estrés efectivas será un componente clave para el éxito en el desarrollo de software backend.

Introducción a frameworks backend populares

El desarrollo de aplicaciones backend ha evolucionado considerablemente gracias a la aparición de frameworks que simplifican y aceleran el proceso de creación de software. Estos frameworks proporcionan estructuras y herramientas predefinidas que permiten a los desarrolladores concentrarse en la lógica de negocio, en lugar de lidiar con tareas repetitivas como la configuración del servidor, la gestión de rutas o la conexión a bases de datos. La elección del framework adecuado puede influir significativamente en la eficiencia, la escalabilidad y la mantenibilidad de una aplicación.

Uno de los frameworks más populares en el ecosistema de JavaScript es Express.js. Diseñado para ejecutarse sobre Node.js, Express es conocido por su simplicidad y flexibilidad. Permite a los desarrolladores crear aplicaciones web y APIs de manera rápida, utilizando un enfoque minimalista que se puede extender mediante middleware. La naturaleza no bloqueante de Node.js, combinada con la ligereza de Express, lo convierte en una opción ideal para aplicaciones que requieren alta concurrencia y manejo eficiente de E/S, como servicios de transmisión en tiempo real o APIs RESTful. La gran comunidad de desarrolladores y la abundancia de módulos disponibles en el ecosistema de Node.js hacen de Express una opción atractiva para proyectos de todos los tamaños.

En el mundo de Python, Django es uno de los frameworks más reconocidos y utilizados. Django sigue el patrón de diseño Modelo-Vista-Controlador (MVC) y está diseñado para fomentar el desarrollo rápido y el código limpio y pragmático. Ofrece una amplia gama de características integradas, como un ORM robusto, autenticación de usuarios, administración automática y protección contra amenazas de seguridad comunes. Estas características hacen de Django una excelente opción para aplicaciones complejas que requieren una gestión sólida de datos y una arquitectura bien estructurada. Su lema, "el framework para perfeccionistas con fechas límite", refleja su capacidad para ayudar a los desarrolladores a construir aplicaciones de alta calidad en menos tiempo.

Otro framework destacado en el entorno Python es Flask. A diferencia de Django, Flask adopta un enfoque más ligero y flexible, proporcionando solo las herramientas básicas necesarias para construir una aplicación web. Esta simplicidad permite a los desarrolladores tener un control total sobre la arquitectura de su aplicación, eligiendo solo las extensiones que realmente necesitan. Flask es ideal para proyectos pequeños a medianos, prototipos rápidos o cuando se requiere una personalización completa del entorno de desarrollo. Su curva de aprendizaje es baja, lo que lo convierte en una opción popular entre los principiantes, al mismo tiempo que ofrece suficiente flexibilidad para proyectos más avanzados.

Ruby on Rails, comúnmente conocido como Rails, es un framework de desarrollo web para el lenguaje de programación Ruby. Rails sigue el principio de convención sobre configuración, lo que significa que proporciona un conjunto de convenciones predeterminadas para la estructura y el comportamiento de la aplicación, reduciendo la necesidad de configuraciones explícitas. Este enfoque permite a los desarrolladores ser más productivos al enfocarse en la funcionalidad de la aplicación en lugar de la configuración. Rails también implementa el patrón MVC y ofrece una serie de herramientas integradas que facilitan tareas comunes como la creación de formularios, la gestión de bases de datos y la implementación de pruebas automatizadas. Su enfoque en la simplicidad y la productividad lo ha hecho muy popular entre las startups y los desarrolladores que buscan lanzar productos rápidamente.

En el ámbito de Java, Spring Boot ha ganado una enorme popularidad como una extensión del framework Spring. Spring Boot simplifica la configuración y el despliegue de aplicaciones Java, proporcionando un enfoque basado en convenciones y una configuración automática que reduce significativamente el tiempo necesario para poner en marcha una aplicación. Su compatibilidad con el ecosistema de Spring y su robustez lo convierten en una opción preferida para aplicaciones empresariales y de gran escala. Además, Spring Boot facilita la creación de microservicios, lo que lo hace ideal para arquitecturas modernas y escalables.

En el ecosistema de PHP, Laravel es uno de los frameworks más utilizados y respetados. Laravel ofrece una sintaxis elegante y expresiva que facilita el desarrollo de aplicaciones web robustas y seguras. Incluye características avanzadas como un ORM propio llamado Eloquent, enrutamiento avanzado, motor de plantillas Blade y un sistema de migraciones para la gestión de bases de datos. Laravel también enfatiza la seguridad y el rendimiento, proporcionando protección contra ataques comunes como la inyección SQL y el cross-site scripting (XSS). Su extensa documentación y comunidad activa lo convierten en una excelente opción tanto para desarrolladores novatos como experimentados.

Para los desarrolladores que trabajan con .NET, ASP.NET Core es el framework principal para la construcción de aplicaciones backend. ASP.NET Core es una plataforma de código abierto y multiplataforma que permite desarrollar aplicaciones de alto rendimiento para Windows, macOS y Linux. Su arquitectura modular y su integración con el ecosistema de Microsoft lo hacen adecuado para aplicaciones empresariales que requieren una integración estrecha con servicios como Azure. ASP.NET Core también facilita la construcción de APIs RESTful y aplicaciones web en tiempo real utilizando SignalR.

El mundo de los frameworks backend no se limita a estos ejemplos, ya que constantemente surgen nuevas herramientas y tecnologías que buscan mejorar la productividad y la eficiencia del desarrollo. Por ejemplo, frameworks como FastAPI en Python han ganado popularidad por su rendimiento y facilidad de uso en la creación de APIs modernas y rápidas, aprovechando las capacidades de tipado de Python y la generación automática de documentación.

Elegir el framework adecuado depende de varios factores, incluyendo el lenguaje de programación preferido, los requisitos específicos del proyecto, la experiencia del equipo de desarrollo y el ecosistema de herramientas y bibliotecas disponibles. La facilidad de aprendizaje, la documentación, la comunidad de soporte y la flexibilidad del framework también son consideraciones importantes. Un framework que ofrece una gran cantidad de características integradas puede acelerar el desarrollo inicial, mientras que un enfoque más minimalista puede proporcionar mayor control y personalización a largo plazo.

El impacto de los frameworks en el desarrollo backend va más allá de la simple aceleración del proceso de codificación. También influyen en la arquitectura general de la aplicación, la mantenibilidad del código y la capacidad de escalar y adaptar el software a medida que evolucionan las necesidades del negocio. Por ello, la familiaridad con múltiples frameworks y la comprensión de sus fortalezas y limitaciones es una habilidad valiosa para cualquier desarrollador backend.

Los frameworks backend populares han transformado la forma en que se construyen y gestionan las aplicaciones web y de servicios. Proporcionan herramientas poderosas que facilitan la creación de aplicaciones robustas, seguras y escalables, permitiendo a los desarrolladores centrarse en la innovación y la entrega de valor. A medida que la tecnología continúa avanzando, la capacidad de adaptarse a nuevos frameworks y tecnologías seguirá siendo esencial para el éxito en el desarrollo backend.

Automatización de tareas con scripts backend

La automatización de tareas en el desarrollo backend es una práctica esencial que permite optimizar procesos, reducir errores manuales y mejorar la eficiencia operativa. A través de scripts, los desarrolladores pueden automatizar una amplia gama de actividades repetitivas que, de otro modo, consumirían tiempo y recursos valiosos. Esta automatización no solo mejora la productividad del equipo de desarrollo, sino que también garantiza la consistencia y la fiabilidad de los procesos en entornos de producción.

Los scripts backend son fragmentos de código diseñados para ejecutar tareas específicas sin intervención manual. Estos scripts pueden estar escritos en diversos lenguajes de programación, como Python, Bash, JavaScript (Node.js), Ruby, o cualquier otro que el equipo de desarrollo prefiera. La elección del lenguaje suele depender del entorno en el que se ejecuten las tareas, la familiaridad del equipo con el lenguaje y la naturaleza de la tarea a automatizar.

Uno de los usos más comunes de los scripts backend es la automatización de tareas relacionadas con la base de datos. Esto incluye operaciones como la creación y actualización de esquemas, la migración de datos, la generación de copias de seguridad y la restauración de bases de datos. Herramientas como Alembic para SQLAlchemy en Python o Active Record Migrations en Ruby on Rails permiten a los desarrolladores definir cambios en el esquema de la base de datos mediante código, lo que facilita la gestión de versiones y la replicación de entornos en diferentes etapas del desarrollo.

La automatización también juega un papel crucial en la integración continua y el despliegue continuo (CI/CD). Los scripts son fundamentales para automatizar la ejecución de pruebas unitarias y de integración, la compilación de aplicaciones, el empaquetado de artefactos y el despliegue en entornos de desarrollo, prueba y producción. Herramientas como Jenkins, GitLab CI, CircleCI y GitHub Actions utilizan scripts definidos en archivos de configuración para orquestar estos procesos, asegurando que cada cambio en el código sea probado y desplegado de manera automatizada y coherente.

Otra área donde la automatización con scripts backend es vital es en la gestión de infraestructuras. Con la adopción de la infraestructura como código (IaC), los desarrolladores y administradores de sistemas pueden definir y gestionar la infraestructura mediante scripts que describen el estado deseado de los recursos. Herramientas como Terraform, Ansible y AWS CloudFormation permiten automatizar la creación, configuración y gestión de servidores, redes, bases de datos y otros componentes de la infraestructura. Esto no solo facilita la replicación de entornos, sino que también mejora la trazabilidad y el control de cambios en la infraestructura.

La automatización de tareas de mantenimiento y monitoreo también se beneficia enormemente del uso de scripts backend. Los scripts pueden programarse para realizar tareas periódicas como la limpieza de registros, la rotación de archivos de log, el monitoreo de la salud del sistema y la generación de informes. Por ejemplo, un script puede monitorear el uso de la CPU y la memoria de un servidor y enviar alertas cuando se superen ciertos umbrales, lo que permite a los equipos de operaciones responder de manera proactiva a posibles problemas.

En el ámbito de la seguridad, los scripts backend pueden automatizar la detección de vulnerabilidades, la aplicación de parches y la gestión de certificados. Herramientas como OpenVAS o scripts personalizados pueden escanear regularmente el sistema en busca de vulnerabilidades conocidas, mientras que otros scripts pueden gestionar la renovación automática de certificados SSL/TLS utilizando servicios como Let's Encrypt. Estas automatizaciones ayudan a mantener la seguridad del sistema sin la necesidad de intervención manual constante.

La automatización con scripts también es fundamental en el procesamiento de datos y la generación de informes. En aplicaciones que manejan grandes volúmenes de datos, los scripts pueden automatizar la extracción, transformación y carga (ETL) de datos desde diversas fuentes hacia almacenes de datos o bases de datos analíticas. Estos procesos permiten consolidar información de múltiples orígenes, limpiar y transformar los datos según sea necesario y generar informes periódicos que faciliten la toma de decisiones basadas en datos.

El uso de scripts para la automatización no está exento de desafíos. Uno de los principales riesgos es la posibilidad de errores en los scripts que puedan afectar negativamente al sistema. Por esta razón, es crucial seguir buenas prácticas de desarrollo, como la revisión de código, la implementación de pruebas automatizadas y la documentación adecuada de los scripts. Además, es importante gestionar de manera segura las credenciales y otros datos sensibles utilizados por los scripts, utilizando herramientas como gestores de secretos o variables de entorno protegidas.

La orquestación de tareas automatizadas es otro aspecto importante a considerar. A medida que crece la cantidad de scripts y procesos automatizados, puede volverse complejo gestionar la ejecución y la dependencia entre ellos. Herramientas de orquestación como Apache Airflow o Kubernetes CronJobs permiten definir flujos de trabajo complejos, programar tareas y gestionar dependencias entre ellas de manera eficiente. Estas herramientas también proporcionan capacidades de monitoreo y registro que facilitan la identificación y resolución de problemas en los procesos automatizados.

La escalabilidad y la resiliencia son consideraciones clave en la automatización de tareas con scripts backend. Es importante diseñar scripts que puedan manejar volúmenes crecientes de datos y tráfico sin degradar el rendimiento del sistema. Esto puede implicar la optimización de algoritmos, la distribución de tareas en múltiples nodos o la implementación de mecanismos de recuperación ante fallos. La adopción de arquitecturas basadas en microservicios y la utilización de plataformas en la nube también pueden facilitar la escalabilidad y la resiliencia de los procesos automatizados.

La automatización de tareas con scripts backend no solo mejora la eficiencia y la productividad, sino que también libera a los desarrolladores y equipos de operaciones para centrarse en tareas más estratégicas y de mayor valor añadido. Al reducir la carga de trabajo manual y repetitiva, la automatización permite a los equipos innovar y responder más rápidamente a las necesidades del negocio y del mercado. Además, al garantizar la consistencia y la fiabilidad de los procesos, la automatización contribuye a mejorar la calidad del software y la experiencia del usuario.

La adopción de la automatización con scripts backend es un proceso continuo que requiere una evaluación constante de las necesidades del sistema y las oportunidades de mejora. A medida que evolucionan las tecnologías y las prácticas de desarrollo, los equipos deben estar dispuestos a adaptar y mejorar sus procesos de automatización para aprovechar al máximo las nuevas herramientas y enfoques disponibles. La colaboración entre desarrolladores, administradores de sistemas y otros actores clave es esencial para identificar áreas de mejora, compartir conocimientos y desarrollar soluciones de automatización efectivas y sostenibles.

Uso de ORMs (Object-Relational Mappers)

El uso de ORMs (Object-Relational Mappers) ha revolucionado la forma en que los desarrolladores backend interactúan con bases de datos relacionales. Tradicionalmente, la comunicación entre una aplicación y una base de datos se realizaba mediante el uso directo de consultas SQL. Aunque este enfoque ofrece control total sobre las operaciones de la base de datos, también puede ser propenso a errores, difícil de mantener y más complejo al escalar aplicaciones. Los ORMs proporcionan una capa de abstracción que simplifica estas interacciones, permitiendo a los desarrolladores trabajar con bases de datos utilizando el paradigma de la programación orientada a objetos.

Un ORM es una herramienta que convierte los datos entre sistemas incompatibles en el contexto de bases de datos relacionales y lenguajes de programación orientados a objetos. En términos simples, los ORMs permiten mapear las tablas de una base de datos a clases en el código, y las filas de esas tablas a instancias de esas clases. Esto permite manipular los datos de la base de datos utilizando objetos y métodos en lugar de escribir consultas SQL manualmente. Al trabajar con ORMs, las operaciones como crear, leer, actualizar y eliminar registros (conocidas como operaciones CRUD) se realizan mediante métodos del lenguaje de programación elegido, lo que mejora la legibilidad y mantenibilidad del código.

Uno de los principales beneficios del uso de ORMs es la reducción del código repetitivo y la simplificación de las operaciones comunes. Por ejemplo, en lugar de escribir una consulta SQL para insertar un nuevo usuario en una tabla, un desarrollador puede simplemente crear una nueva instancia de la clase correspondiente y llamar a un método para guardar ese objeto en la base de datos. Este enfoque no solo reduce la cantidad de código necesario, sino que también minimiza la posibilidad de errores, como la inyección de SQL, al utilizar consultas parametrizadas de manera predeterminada.

El uso de ORMs también facilita la portabilidad entre diferentes sistemas de gestión de bases de datos. Dado que el ORM maneja la generación de consultas SQL, cambiar de una base de datos como MySQL a PostgreSQL o SQLite puede requerir pocos o ningún cambio en el código de la aplicación. Esto proporciona una flexibilidad significativa al desarrollar aplicaciones que puedan necesitar adaptarse a diferentes entornos o requisitos de infraestructura a lo largo del tiempo.

Además, los ORMs suelen incluir características avanzadas que van más allá de las simples operaciones CRUD. Estas características pueden incluir la gestión de relaciones entre tablas, la validación de datos, el manejo de transacciones, la migración de esquemas y la generación automática de consultas complejas. Por ejemplo, en una base de datos relacional, las relaciones entre tablas como uno a muchos o muchos a muchos son comunes. Los ORMs permiten definir estas relaciones en el código mediante asociaciones entre clases, lo que simplifica la recuperación de datos relacionados y mejora la coherencia del modelo de datos.

Uno de los ORMs más populares en el ecosistema de Python es SQLAlchemy. SQLAlchemy proporciona un enfoque flexible y potente para la gestión de bases de datos, permitiendo tanto la generación automática de consultas como el control manual para optimizaciones específicas. Otro ORM ampliamente utilizado en el entorno de Python es Django ORM, que viene integrado en el framework Django y proporciona una interfaz intuitiva para interactuar con la base de datos utilizando modelos definidos en el código. En el ecosistema de JavaScript, Sequelize es un ORM popular para Node.js que soporta múltiples bases de datos relacionales y proporciona una API sencilla para la gestión de modelos y asociaciones.

En el mundo de Java, Hibernate es uno de los ORMs más conocidos y utilizados. Hibernate ofrece una implementación robusta del patrón de mapeo objeto-relacional, permitiendo a los desarrolladores trabajar con bases de datos utilizando objetos Java sin necesidad de escribir SQL manualmente. Hibernate también proporciona características avanzadas como el almacenamiento en caché, la gestión de transacciones y la validación de datos. En PHP, Eloquent es el ORM incluido en el framework Laravel, que proporciona una sintaxis elegante y expresiva para trabajar con bases de datos y facilita la definición de relaciones entre modelos.

A pesar de sus numerosos beneficios, el uso de ORMs también presenta desafíos y limitaciones que deben tenerse en cuenta. Uno de los principales desafíos es el rendimiento. Aunque los ORMs simplifican la escritura de consultas, pueden generar consultas SQL ineficientes que afecten el rendimiento de la aplicación, especialmente cuando se manejan grandes volúmenes de datos o consultas complejas. Es importante comprender cómo el ORM traduce las operaciones en consultas SQL y optimizar el código cuando sea necesario. En algunos casos, puede ser necesario escribir consultas SQL personalizadas para mejorar el rendimiento o manejar casos específicos que el ORM no gestiona de manera eficiente.

Otro desafío es la curva de aprendizaje asociada con el uso de ORMs, especialmente en aplicaciones complejas. Aunque los ORMs están diseñados para simplificar el desarrollo, comprender cómo funcionan internamente y cómo gestionar aspectos avanzados como las migraciones de esquemas, las relaciones complejas y las transacciones puede requerir un conocimiento profundo de la herramienta y de los principios subyacentes de las bases de datos relacionales. Además, la dependencia de un ORM puede limitar la flexibilidad del desarrollo y hacer que sea más difícil cambiar a otro enfoque o sistema de gestión de bases de datos en el futuro.

El diseño adecuado del modelo de datos es esencial para aprovechar al máximo los ORMs. Definir claramente las clases y sus relaciones, así como mantener una estructura coherente y bien organizada, facilita la gestión de la base de datos y mejora la mantenibilidad del código. La documentación y la adherencia a las mejores prácticas en el uso de ORMs son fundamentales para evitar problemas de rendimiento, mantener la coherencia de los datos y garantizar la escalabilidad de la aplicación.

La integración de ORMs en el ciclo de desarrollo también puede mejorar la productividad y la calidad del software. Al combinar ORMs con herramientas de migración de bases de datos, pruebas automatizadas y despliegue continuo, los desarrolladores pueden crear y mantener aplicaciones de manera más eficiente. Las migraciones permiten actualizar y modificar el esquema de la base de datos de forma controlada y reproducible, mientras que las pruebas automatizadas garantizan que las operaciones de la base de datos se comporten como se espera. El uso de ORMs también facilita la creación de entornos de desarrollo y pruebas consistentes, lo que mejora la colaboración y la calidad del software.

El uso de ORMs ha transformado la forma en que los desarrolladores backend interactúan con bases de datos relacionales, proporcionando una herramienta poderosa que simplifica el desarrollo, mejora la mantenibilidad del código y facilita la gestión de datos. Aunque presentan desafíos y limitaciones, el conocimiento y la experiencia en el uso de ORMs son habilidades esenciales para los desarrolladores que buscan construir aplicaciones backend robustas, eficientes y escalables. A medida que las aplicaciones continúan evolucionando y enfrentando nuevos desafíos, los ORMs seguirán desempeñando un papel clave en el desarrollo de software moderno.

Principios de diseño de software en el backend

El diseño de software en el backend es una disciplina que abarca una serie de principios y prácticas orientadas a crear sistemas robustos, escalables y fáciles de mantener. A medida que las aplicaciones crecen en complejidad, la necesidad de estructuras bien definidas y patrones de diseño adecuados se vuelve crucial para asegurar que el software no solo funcione correctamente, sino que también sea sostenible a lo largo del tiempo. Los principios de diseño ayudan a los desarrolladores a tomar decisiones informadas sobre la arquitectura del sistema, la organización del código y la interacción entre los diferentes componentes.

Uno de los principios fundamentales en el diseño de software backend es la separación de responsabilidades. Este principio establece que cada módulo o componente de una aplicación debe tener una única responsabilidad bien definida. Al dividir el sistema en partes que se encargan de funciones específicas, se facilita la comprensión del código, se mejora la capacidad de mantenimiento y se reduce el riesgo de errores. Por ejemplo, en una arquitectura basada en capas, la capa de presentación se encarga de la interfaz de usuario, la capa de negocio gestiona la lógica y las reglas del sistema, y la capa de acceso a datos se ocupa de la interacción con la base de datos. Esta separación clara permite a los desarrolladores trabajar en diferentes partes del sistema sin interferir con otras áreas.

La modularidad es otro principio clave que complementa la separación de responsabilidades. Un sistema modular está compuesto por componentes independientes que pueden desarrollarse, probarse y desplegarse de manera aislada. Esta independencia facilita la reutilización de código, ya que los módulos bien diseñados pueden integrarse en otros proyectos con poca o ninguna modificación. Además, la modularidad mejora la escalabilidad del sistema, permitiendo añadir o actualizar funcionalidades sin afectar al resto de la aplicación. En el contexto de arquitecturas modernas como los microservicios, la modularidad es esencial para construir aplicaciones distribuidas donde cada servicio realiza una función específica y se comunica con otros servicios a través de APIs bien definidas.

El principio de diseño de código abierto y cerrado es fundamental para mantener la flexibilidad del sistema. Según este principio, el software debe estar abierto a la extensión pero cerrado a la modificación. Esto significa que los desarrolladores deben poder añadir nuevas funcionalidades sin tener que alterar el código existente, lo que reduce el riesgo de introducir errores en partes del sistema que ya funcionan correctamente. La implementación de interfaces y clases abstractas es una práctica común para lograr este objetivo, ya que permite definir contratos que pueden ser extendidos mediante nuevas implementaciones sin cambiar el código base.

La simplicidad y la claridad en el diseño del código son esenciales para asegurar la mantenibilidad del software. Un código simple y bien estructurado es más fácil de entender, depurar y extender. Los desarrolladores deben evitar la complejidad innecesaria y optar por soluciones claras y directas. El principio KISS (Keep It Simple, Stupid) enfatiza la importancia de mantener el diseño lo más sencillo posible. Esto no solo facilita el trabajo de los desarrolladores actuales, sino que también reduce la curva de aprendizaje para nuevos miembros del equipo que se integren al proyecto en el futuro.

El principio DRY (Don't Repeat Yourself) es otro pilar del diseño de software eficiente. Este principio aboga por la eliminación de la duplicación de código mediante la creación de funciones, clases o módulos reutilizables. La duplicación de código no solo incrementa el tamaño del proyecto, sino que también aumenta la probabilidad de errores, ya que cualquier cambio en una parte duplicada debe replicarse en todas las instancias. Al centralizar la lógica común en componentes reutilizables, se mejora la consistencia del sistema y se facilita su mantenimiento.

El diseño orientado a la escalabilidad es crucial en el desarrollo de software backend, especialmente en aplicaciones que deben manejar un crecimiento significativo en la cantidad de usuarios o datos. La escalabilidad puede abordarse desde dos enfoques: vertical y horizontal. La escalabilidad vertical implica mejorar la capacidad de los servidores existentes mediante la adición de más recursos, como CPU y memoria, mientras que la escalabilidad horizontal consiste en añadir más servidores para distribuir la carga. Un diseño escalable debe ser capaz de soportar ambos enfoques, permitiendo que la aplicación crezca de manera eficiente sin comprometer el rendimiento.

La gestión adecuada de errores y excepciones es otro aspecto fundamental en el diseño de software backend. Un sistema bien diseñado debe ser capaz de anticipar y manejar errores de manera elegante, proporcionando mensajes de error claros y útiles tanto para los usuarios como para los desarrolladores. La implementación de un manejo de excepciones centralizado y coherente facilita la depuración y el mantenimiento del sistema. Además, el registro adecuado de errores mediante logging permite monitorear el comportamiento del sistema en producción y detectar problemas antes de que afecten a los usuarios finales.

La seguridad es un componente integral del diseño de software backend. Desde el inicio del desarrollo, es importante considerar las posibles vulnerabilidades y adoptar prácticas que protejan el sistema y los datos de los usuarios. Esto incluye la implementación de autenticación y autorización robustas, la encriptación de datos sensibles, la validación de entradas para prevenir inyecciones SQL y otros ataques, y la aplicación de parches y actualizaciones de seguridad de manera regular. La seguridad no debe ser un añadido posterior, sino una parte intrínseca del diseño del software.

El principio de diseño basado en la prueba (Test-Driven Development, TDD) es una metodología que promueve la creación de pruebas automatizadas antes de escribir el código funcional. Este enfoque asegura que el software se desarrolle con una mentalidad orientada a la calidad, permitiendo identificar y corregir errores desde las primeras etapas del desarrollo. Las pruebas automatizadas también facilitan el mantenimiento del software, ya que cualquier cambio en el código puede ser verificado rápidamente para garantizar que no se han introducido errores involuntarios.

El uso de patrones de diseño es una práctica común que proporciona soluciones probadas y reutilizables para problemas comunes en el desarrollo de software. Patrones como Singleton, Factory, Observer y Repository ayudan a estructurar el código de manera eficiente y coherente. Sin embargo, es importante utilizar estos patrones de manera adecuada y no forzar su aplicación en situaciones donde no son necesarios, ya que esto puede añadir complejidad innecesaria al sistema.

La documentación es un componente esencial del diseño de software backend. Un código bien documentado facilita la comprensión del sistema tanto para los desarrolladores actuales como para aquellos que se integren en el futuro. La documentación debe incluir descripciones claras de la arquitectura del sistema, los componentes clave, las interfaces de las APIs y cualquier otra información relevante que ayude a entender cómo funciona el software. La documentación actualizada y precisa es una herramienta valiosa para la colaboración y el mantenimiento continuo del sistema.

El diseño de software backend también debe considerar la eficiencia y el rendimiento. La optimización de consultas a bases de datos, la gestión eficiente de la memoria y el uso adecuado de recursos son aspectos críticos para asegurar que el sistema funcione de manera fluida y rápida. Las pruebas de rendimiento y el monitoreo continuo permiten identificar cuellos de botella y áreas de mejora, asegurando que el sistema pueda manejar la carga esperada sin degradar la experiencia del usuario.

Los principios de diseño de software en el backend son la base para construir sistemas robustos, escalables y mantenibles. Adoptar estas prácticas no solo mejora la calidad del software, sino que también facilita la colaboración, la innovación y la adaptabilidad en un entorno tecnológico en constante evolución. La atención al detalle, la planificación cuidadosa y el compromiso con las mejores prácticas de diseño son esenciales para el éxito en el desarrollo de aplicaciones backend modernas y eficientes.

Control de acceso basado en roles y permisos

El control de acceso basado en roles y permisos es un pilar fundamental en la seguridad de las aplicaciones backend. A medida que las aplicaciones se vuelven más complejas y manejan datos sensibles o críticos, es esencial implementar mecanismos que regulen quién puede acceder a qué recursos y qué operaciones pueden realizar. El control de acceso no solo protege la integridad y confidencialidad de los datos, sino que también garantiza que los usuarios y servicios interactúan con el sistema de manera segura y conforme a las políticas establecidas.

El control de acceso basado en roles, conocido como RBAC (Role-Based Access Control), organiza los permisos en función de los roles asignados a los usuarios. En lugar de asignar permisos individuales a cada usuario, RBAC permite agrupar permisos en roles que representan funciones específicas dentro de una organización o aplicación. Por ejemplo, en una aplicación empresarial, podría haber roles como "Administrador", "Editor" y "Lector", cada uno con diferentes niveles de acceso y capacidad para realizar acciones. El rol de "Administrador" podría tener acceso total a todas las funcionalidades, mientras que el rol de "Lector" podría estar limitado únicamente a visualizar datos sin posibilidad de modificarlos.

La implementación de RBAC ofrece varias ventajas clave. Primero, simplifica la gestión de permisos, especialmente en sistemas con muchos usuarios y recursos. En lugar de administrar permisos para cada usuario de manera individual, los administradores pueden asignar roles que ya incluyen los permisos necesarios. Esto reduce la complejidad y el riesgo de errores, como otorgar permisos excesivos o insuficientes. Además, RBAC facilita la auditoría y el seguimiento de accesos, ya que los roles están claramente definidos y se pueden revisar fácilmente para asegurarse de que cumplen con las políticas de seguridad.

El control de acceso basado en permisos, conocido como PBAC (Permission-Based Access Control), ofrece un enfoque más granular al gestionar el acceso. En PBAC, los permisos se asignan directamente a los usuarios o a los recursos, lo que permite un control más detallado sobre qué acciones puede realizar cada usuario. Este enfoque es útil en situaciones donde los roles tradicionales no son suficientes para cubrir todas las combinaciones posibles de permisos, o donde se necesita un control más fino sobre operaciones específicas. Por ejemplo, en una aplicación de gestión de proyectos, un usuario podría tener permisos para editar ciertos documentos, pero solo visualizar otros, independientemente de su rol general.

En muchos sistemas modernos, se utiliza una combinación de RBAC y PBAC para aprovechar las ventajas de ambos enfoques. Esta combinación permite una estructura de roles clara y fácil de gestionar, junto con la flexibilidad de ajustar permisos específicos cuando sea necesario. Por ejemplo, un usuario podría tener el rol de "Editor", que le otorga permisos generales para modificar contenido, pero se le podría restringir específicamente el acceso a ciertos documentos confidenciales mediante permisos adicionales.

La implementación técnica de control de acceso basado en roles y permisos implica varias consideraciones importantes. Primero, es necesario definir claramente los roles y permisos que serán utilizados en el sistema. Esto requiere una comprensión profunda de las necesidades de la aplicación y de los diferentes tipos de usuarios que interactuarán con ella. Los roles deben ser lo suficientemente específicos para reflejar las funciones reales de los usuarios, pero lo suficientemente generales para evitar una proliferación innecesaria de roles que complique la gestión.

Una vez definidos los roles y permisos, es necesario establecer mecanismos para la autenticación y autorización. La autenticación verifica la identidad de los usuarios mediante credenciales como contraseñas, tokens o certificados, mientras que la autorización determina qué recursos y operaciones están disponibles para cada usuario autenticado. Herramientas y bibliotecas como OAuth, JWT (JSON Web Tokens) y LDAP (Lightweight Directory Access Protocol) son comúnmente utilizadas para gestionar estos procesos en aplicaciones backend.

El uso de JWT, por ejemplo, permite incluir información sobre roles y permisos en el propio token que el usuario presenta al sistema. Esto facilita la verificación rápida de los permisos sin necesidad de consultar la base de datos en cada solicitud, mejorando el rendimiento y la escalabilidad de la aplicación. Sin embargo, es importante implementar mecanismos para la revocación y expiración de tokens, para asegurar que los cambios en los permisos se reflejen de manera oportuna.

El diseño de la base de datos también juega un papel crucial en la implementación de control de acceso. Es común utilizar tablas separadas para gestionar usuarios, roles y permisos, así como las relaciones entre ellos. Por ejemplo, una tabla de "Usuarios" puede estar relacionada con una tabla de "Roles" mediante una tabla intermedia de "Asignaciones de Roles". De manera similar, los permisos pueden almacenarse en una tabla separada y asignarse a roles o directamente a usuarios según sea necesario. Este enfoque relacional facilita la gestión y la consulta de datos relacionados con el control de acceso.

El control de acceso debe ser integrado en todos los niveles de la aplicación backend. Esto incluye no solo la capa de presentación, donde se controla qué elementos de la interfaz son visibles para cada usuario, sino también la lógica del negocio y la capa de acceso a datos. Es esencial asegurarse de que las restricciones de acceso se aplican en el servidor, de modo que los usuarios no puedan eludirlas mediante manipulaciones en el cliente o solicitudes directas a la API.

La auditoría y el monitoreo son componentes importantes del control de acceso basado en roles y permisos. Es fundamental registrar las acciones de los usuarios, especialmente aquellas que implican cambios en datos sensibles o configuraciones críticas. Estos registros permiten detectar comportamientos sospechosos, investigar incidentes de seguridad y cumplir con requisitos de cumplimiento normativo. Herramientas de monitoreo y análisis, como SIEM (Security Information and Event Management), pueden integrarse para proporcionar una visión completa del uso y abuso de los permisos en el sistema.

El control de acceso también debe ser flexible y adaptarse a las necesidades cambiantes de la organización o la aplicación. A medida que evolucionan las funciones y responsabilidades de los usuarios, es posible que sea necesario ajustar los roles y permisos existentes o crear nuevos. Un sistema bien diseñado debe permitir estos cambios de manera sencilla y segura, sin comprometer la integridad del control de acceso. Además, es importante revisar periódicamente los roles y permisos para asegurarse de que siguen siendo relevantes y adecuados, eliminando aquellos que ya no se necesiten y ajustando los que requieran modificaciones.

La implementación de control de acceso basado en roles y permisos no es solo una cuestión técnica, sino también una parte esencial de la estrategia de seguridad y gobernanza de la información de una organización. Involucrar a las partes interesadas, como los responsables de seguridad, los administradores de sistemas y los usuarios finales, en el diseño y la gestión del control de acceso ayuda a garantizar que las políticas sean efectivas y alineadas con las necesidades del negocio.

El control de acceso basado en roles y permisos es una herramienta poderosa para proteger los sistemas y datos en aplicaciones backend. Su correcta implementación y gestión no solo mejora la seguridad, sino que también facilita la administración de usuarios y la escalabilidad de la aplicación. Al adoptar un enfoque estructurado y flexible, las organizaciones pueden garantizar que el acceso a los recursos esté bien controlado y alineado con sus objetivos de seguridad y operativos.

Creación de una arquitectura escalable

La creación de una arquitectura escalable es un aspecto fundamental en el desarrollo de aplicaciones modernas que deben manejar crecientes volúmenes de usuarios, datos y transacciones. La escalabilidad no es solo la capacidad de una aplicación para crecer en tamaño o capacidad, sino también la habilidad de mantener o mejorar su rendimiento y fiabilidad a medida que aumenta la demanda. Diseñar un sistema escalable desde el principio permite a las organizaciones adaptarse rápidamente a cambios en el mercado, responder a picos inesperados de tráfico y mantener la experiencia del usuario sin interrupciones.

El primer paso para diseñar una arquitectura escalable es comprender los requisitos y patrones de uso esperados de la aplicación. Esto incluye analizar el comportamiento de los usuarios, las cargas de trabajo típicas y los posibles escenarios de crecimiento. Tener una visión clara de estos aspectos permite tomar decisiones informadas sobre la arquitectura, eligiendo tecnologías y enfoques que soporten el crecimiento eficiente del sistema. Es importante considerar tanto la escalabilidad vertical como la horizontal. La escalabilidad vertical implica aumentar la capacidad de los recursos existentes, como añadir más CPU o memoria a un servidor, mientras que la escalabilidad horizontal se refiere a añadir más instancias de servidores o servicios para distribuir la carga.

La arquitectura basada en microservicios se ha convertido en una de las estrategias más efectivas para lograr la escalabilidad horizontal. En este enfoque, la aplicación se divide en múltiples servicios pequeños e independientes que se comunican entre sí mediante APIs. Cada microservicio gestiona una función específica del sistema, como la autenticación de usuarios, la gestión de pagos o el procesamiento de datos. Esta separación permite escalar individualmente los servicios que experimentan mayor demanda, sin necesidad de escalar toda la aplicación. Además, los microservicios facilitan la adopción de diferentes tecnologías y lenguajes de programación para cada componente, optimizando el rendimiento y la eficiencia.

El uso de balanceadores de carga es esencial en una arquitectura escalable. Estos dispositivos o servicios distribuyen automáticamente el tráfico entrante entre múltiples servidores, asegurando que ninguna instancia se sobrecargue y que los recursos se utilicen de manera eficiente. Los balanceadores de carga también mejoran la fiabilidad del sistema al redirigir el tráfico en caso de fallos de un servidor, garantizando la alta disponibilidad. Servicios en la nube como AWS Elastic Load Balancer, Google Cloud Load Balancing y Azure Load Balancer proporcionan soluciones robustas para gestionar la distribución del tráfico en arquitecturas escalables.

El almacenamiento de datos también debe diseñarse teniendo en cuenta la escalabilidad. Las bases de datos tradicionales, como MySQL y PostgreSQL, ofrecen opciones para la replicación y partición de datos, lo que permite distribuir la carga entre múltiples servidores de bases de datos. La replicación mejora la disponibilidad al crear copias redundantes de los datos, mientras que la partición (o sharding) divide los datos en segmentos más pequeños que se almacenan en diferentes servidores. Las bases de datos NoSQL, como MongoDB, Cassandra y DynamoDB, están diseñadas específicamente para manejar grandes volúmenes de datos y escalar horizontalmente de manera eficiente, lo que las convierte en una opción popular para aplicaciones que requieren alta escalabilidad.

La gestión eficiente de la caché es otro componente clave de una arquitectura escalable. Almacenar en caché los resultados de consultas frecuentes o datos estáticos reduce la carga en los servidores de bases de datos y mejora significativamente el tiempo de respuesta de la aplicación. Herramientas como Redis y Memcached permiten implementar soluciones de caché en memoria de alta velocidad que soportan la escalabilidad horizontal. Además, el uso de Content Delivery Networks (CDNs) para distribuir contenido estático, como imágenes y archivos, mejora el rendimiento al acercar los datos a los usuarios finales y reducir la latencia.

El monitoreo y la observabilidad son esenciales para mantener la escalabilidad y el rendimiento de la aplicación. Herramientas como Prometheus, Grafana y ELK Stack permiten recopilar, visualizar y analizar métricas de rendimiento, como el uso de CPU, la latencia de las solicitudes y el tráfico de red. La observabilidad proporciona una visión integral del comportamiento del sistema, facilitando la identificación de cuellos de botella y áreas que requieren optimización. El monitoreo proactivo permite anticipar problemas antes de que afecten a los usuarios y ajustar la infraestructura en función de la demanda en tiempo real.

La automatización de la infraestructura mediante prácticas de Infraestructura como Código (IaC) es fundamental para gestionar arquitecturas escalables. Herramientas como Terraform, Ansible y AWS CloudFormation permiten definir y desplegar recursos de infraestructura mediante scripts, asegurando la consistencia y facilitando la replicación de entornos. La automatización también simplifica el escalado automático, donde la infraestructura ajusta dinámicamente la capacidad en función de la carga, sin intervención manual. Este enfoque no solo mejora la eficiencia operativa, sino que también reduce el riesgo de errores humanos y asegura que el sistema pueda responder rápidamente a cambios en la demanda.

La arquitectura sin estado es otro principio importante para lograr la escalabilidad. En un diseño sin estado, los servidores no almacenan información sobre el estado de las sesiones de los usuarios entre solicitudes. En su lugar, el estado se gestiona en el cliente o en servicios externos, como bases de datos o sistemas de almacenamiento en caché. Este enfoque permite que cualquier servidor pueda manejar cualquier solicitud, facilitando el balanceo de carga y la adición o eliminación de servidores sin afectar la continuidad del servicio. Las APIs RESTful y los microservicios suelen diseñarse siguiendo el principio de arquitectura sin estado para mejorar la escalabilidad y la resiliencia.

La seguridad también debe integrarse en el diseño de arquitecturas escalables. A medida que el sistema crece y se distribuye entre múltiples servicios y servidores, la superficie de ataque aumenta. Implementar autenticación y autorización robustas, cifrar las comunicaciones y proteger las APIs contra amenazas como la inyección SQL y los ataques de denegación de servicio (DDoS) son prácticas esenciales. El uso de servicios de gestión de identidad, como OAuth y JWT, facilita la implementación de controles de acceso seguros en arquitecturas distribuidas.

La planificación de la escalabilidad no se limita a la infraestructura y la arquitectura técnica; también debe considerar la organización y los procesos del equipo de desarrollo. Adoptar metodologías ágiles y DevOps promueve la colaboración entre equipos, la automatización de procesos y la entrega continua de software. Esto permite responder rápidamente a cambios en los requisitos del negocio y en las condiciones del mercado, asegurando que la aplicación pueda evolucionar y escalar de manera efectiva.

La creación de una arquitectura escalable requiere una combinación de diseño cuidadoso, elección adecuada de tecnologías y adopción de prácticas de desarrollo modernas. Al integrar estos elementos, los desarrolladores pueden construir sistemas que no solo soporten el crecimiento en volumen de usuarios y datos, sino que también mantengan un alto rendimiento, fiabilidad y seguridad. A medida que las aplicaciones continúan evolucionando en un entorno digital dinámico, la capacidad de escalar de manera eficiente será un factor clave para el éxito y la sostenibilidad a largo plazo.

Técnicas para depurar código backend

Depurar código backend es una de las habilidades más importantes para cualquier desarrollador. A medida que las aplicaciones crecen en complejidad, la probabilidad de encontrar errores o comportamientos inesperados también aumenta. La depuración no solo se trata de identificar y corregir errores, sino también de comprender el flujo de la aplicación, optimizar el rendimiento y asegurar que el software se comporte de manera consistente bajo diferentes condiciones. El proceso de depuración eficiente requiere un enfoque sistemático, el uso de herramientas adecuadas y la adopción de buenas prácticas que faciliten la identificación de problemas.

El primer paso en la depuración de código backend es la comprensión profunda del problema. Antes de comenzar a modificar el código, es esencial reproducir el error en un entorno controlado. Reproducir el problema permite observar el comportamiento exacto que causa el fallo, lo que facilita la identificación de la raíz del error. En muchos casos, los errores solo se manifiestan bajo ciertas condiciones, como cargas específicas de datos, configuraciones del entorno o interacciones con servicios externos. Documentar las condiciones que provocan el error es fundamental para guiar el proceso de depuración.

Una vez que el problema ha sido reproducido, el siguiente paso es aislar la causa del error. Esto implica reducir el área del código que podría estar involucrada en el problema. Una técnica común para lograr esto es el uso de la eliminación binaria, que consiste en comentar o deshabilitar partes del código para ver si el problema persiste. Al dividir el código en secciones más pequeñas y probar cada una de ellas, es posible identificar el segmento exacto que está causando el fallo. Este enfoque sistemático reduce el tiempo necesario para encontrar errores y evita modificaciones innecesarias en el código.

El uso de herramientas de depuración es fundamental en este proceso. Los entornos de desarrollo integrados (IDE) como Visual Studio Code, PyCharm o IntelliJ IDEA ofrecen depuradores integrados que permiten ejecutar el código paso a paso, observar el estado de las variables y establecer puntos de interrupción. Estos puntos de interrupción permiten pausar la ejecución en líneas específicas del código, lo que facilita el análisis del flujo de ejecución y la inspección de los valores de las variables en tiempo real. Esta capacidad es invaluable para entender cómo fluye la lógica de la aplicación y dónde puede estar fallando.

Además de los depuradores integrados en los IDE, existen herramientas específicas para el análisis de aplicaciones backend. Por ejemplo, en entornos Node.js, la herramienta node inspect permite depurar aplicaciones desde la línea de comandos, mientras que en Python se pueden utilizar módulos como pdb para la depuración interactiva. En aplicaciones Java, jdb es una herramienta de depuración que permite ejecutar programas paso a paso y examinar variables y estructuras de datos en tiempo real.

El registro de logs es otra técnica esencial para la depuración de aplicaciones backend. Implementar un sistema de logging robusto permite registrar información detallada sobre la ejecución de la aplicación, como entradas y salidas de funciones, errores, excepciones y eventos significativos. Los logs proporcionan un historial de eventos que facilita el análisis de problemas, especialmente en entornos de producción donde no es posible utilizar depuradores interactivos. Herramientas como Log4j para Java, Winston para Node.js o el módulo logging de Python permiten configurar y gestionar el registro de logs de manera flexible y eficiente.

Para que los logs sean útiles en la depuración, es importante asegurarse de que sean claros, consistentes y suficientemente detallados. Incluir información contextual como marcas de tiempo, identificadores de solicitudes y niveles de severidad (info, warning, error) ayuda a interpretar los registros y a identificar rápidamente las áreas problemáticas. La implementación de diferentes niveles de logging permite ajustar la cantidad de información registrada según el entorno, utilizando un nivel más detallado en desarrollo y uno más restringido en producción.

Las pruebas automatizadas también desempeñan un papel crucial en la depuración de código backend. Las pruebas unitarias, de integración y funcionales permiten verificar el comportamiento del código de manera sistemática y detectar errores de forma temprana. La ejecución regular de pruebas automatizadas ayuda a identificar cambios que introducen nuevos errores, facilitando la localización del problema. Cuando una prueba falla, proporciona un punto de partida claro para la depuración, ya que indica qué parte del código no está funcionando como se esperaba.

El uso de técnicas de análisis estático de código es otra herramienta poderosa en la depuración. Las herramientas de análisis estático examinan el código fuente sin ejecutarlo, identificando posibles errores, vulnerabilidades de seguridad y problemas de estilo. Herramientas como ESLint para JavaScript, Pylint para Python o SonarQube para múltiples lenguajes ayudan a detectar errores comunes como variables no utilizadas, errores de sintaxis y problemas de consistencia en el código. Estas herramientas no solo ayudan a prevenir errores antes de que ocurran, sino que también facilitan el mantenimiento de un código limpio y legible.

El monitoreo de aplicaciones en producción también contribuye significativamente a la detección y depuración de problemas. Herramientas como Prometheus, Grafana, New Relic o Datadog permiten recopilar métricas en tiempo real sobre el rendimiento y el estado de la aplicación. Estas métricas incluyen el uso de CPU y memoria, el tiempo de respuesta de las solicitudes, la tasa de errores y otros indicadores clave que pueden revelar problemas de rendimiento o fallos en la aplicación. El monitoreo proactivo permite identificar y abordar problemas antes de que afecten a los usuarios finales.

La colaboración y la revisión de código son prácticas esenciales en el proceso de depuración. Compartir el problema con otros miembros del equipo puede aportar nuevas perspectivas y soluciones. Las revisiones de código permiten que otros desarrolladores examinen el código en busca de errores, inconsistencias o mejoras. A menudo, un par de ojos frescos puede identificar problemas que el autor original del código pasó por alto. La colaboración también fomenta el aprendizaje colectivo y la mejora continua de las habilidades del equipo.

La documentación adecuada del código y los procesos de depuración es fundamental para mantener la eficiencia a largo plazo. Documentar los problemas encontrados, las soluciones implementadas y las lecciones aprendidas ayuda a construir un conocimiento compartido que puede ser útil en el futuro. La documentación también facilita la incorporación de nuevos miembros al equipo, proporcionando una referencia clara sobre cómo se han resuelto problemas similares en el pasado.

La depuración de código backend es un proceso continuo que requiere una combinación de habilidades técnicas, herramientas adecuadas y un enfoque sistemático. La capacidad de identificar, aislar y resolver problemas de manera eficiente es crucial para el desarrollo de aplicaciones robustas y confiables. Adoptar buenas prácticas de depuración, utilizar herramientas de análisis y monitoreo, y fomentar la colaboración dentro del equipo son componentes clave para asegurar el éxito en el desarrollo backend. La mejora continua en las técnicas de depuración no solo ayuda a resolver problemas actuales, sino que también contribuye a prevenir errores futuros y a construir aplicaciones de alta calidad.

Actualización y mantenimiento de dependencias

El mantenimiento y la actualización de dependencias son tareas esenciales en el desarrollo de aplicaciones backend. Las dependencias, que incluyen bibliotecas, frameworks y paquetes de terceros, proporcionan funcionalidades que permiten acelerar el desarrollo, evitar la duplicación de esfuerzos y aprovechar soluciones probadas. Sin embargo, estas mismas dependencias pueden introducir riesgos si no se gestionan adecuadamente, incluyendo vulnerabilidades de seguridad, incompatibilidades y problemas de rendimiento. Por ello, es fundamental establecer un proceso continuo y sistemático para el manejo de dependencias, asegurando que la aplicación se mantenga segura, eficiente y alineada con las mejores prácticas del ecosistema tecnológico.

La primera consideración en la gestión de dependencias es la selección cuidadosa de las mismas. Antes de integrar una nueva biblioteca o paquete en un proyecto, es importante evaluar su calidad, popularidad, mantenimiento activo y compatibilidad con el resto del stack tecnológico. Revisar la documentación, el historial de actualizaciones y la comunidad de soporte puede proporcionar una idea clara de la confiabilidad de la dependencia. Elegir dependencias bien mantenidas y con una base de usuarios sólida reduce el riesgo de problemas futuros y facilita la integración con otras herramientas y bibliotecas.

Una vez integradas las dependencias, es crucial mantenerlas actualizadas para beneficiarse de mejoras de seguridad, correcciones de errores y nuevas funcionalidades. Sin embargo, la actualización de dependencias debe realizarse de manera controlada para evitar introducir cambios inesperados que puedan romper la aplicación. La automatización del proceso de actualización es una práctica recomendada que permite identificar y aplicar actualizaciones de manera eficiente. Herramientas como Dependabot, Renovate y Greenkeeper pueden integrarse en el flujo de trabajo de desarrollo para monitorear las dependencias y generar solicitudes de actualización automáticas cuando se detectan nuevas versiones.

El uso de un archivo de bloqueo de versiones es una estrategia clave para garantizar la consistencia en las dependencias. Herramientas de gestión de paquetes como npm, pip y Composer generan archivos de bloqueo que registran las versiones exactas de las dependencias instaladas. Esto asegura que todos los miembros del equipo de desarrollo y los entornos de despliegue utilicen las mismas versiones, reduciendo el riesgo de inconsistencias y errores relacionados con diferencias en las bibliotecas. Mantener estos archivos actualizados y bajo control de versiones es esencial para la reproducibilidad del entorno de desarrollo y la estabilidad de la aplicación.

La compatibilidad de las dependencias es otro aspecto crítico en su mantenimiento. Las actualizaciones pueden introducir cambios incompatibles con el código existente, especialmente en actualizaciones mayores que incluyen modificaciones significativas en la API o el comportamiento de la biblioteca. Por ello, es importante revisar las notas de la versión y la documentación de las actualizaciones antes de aplicarlas, para entender los cambios y evaluar su impacto en la aplicación. En algunos casos, puede ser necesario realizar ajustes en el código para adaptarse a las nuevas versiones de las dependencias.

Las pruebas automatizadas juegan un papel fundamental en la actualización segura de dependencias. La ejecución de pruebas unitarias, de integración y funcionales permite verificar que la aplicación sigue funcionando correctamente después de aplicar actualizaciones. Si se detectan errores, las pruebas proporcionan información valiosa sobre qué partes del código están afectadas y facilitan la depuración. La integración de las pruebas en el proceso de actualización automatizado asegura que las dependencias se actualicen de manera continua sin comprometer la estabilidad del sistema.

La seguridad es una de las razones más importantes para mantener las dependencias actualizadas. Las bibliotecas y paquetes de terceros pueden contener vulnerabilidades que pueden ser explotadas por atacantes si no se corrigen. Herramientas de análisis de seguridad, como Snyk, OWASP Dependency-Check y npm audit, permiten escanear las dependencias en busca de vulnerabilidades conocidas y proporcionar recomendaciones para su mitigación. La integración de estas herramientas en el pipeline de desarrollo permite identificar y abordar problemas de seguridad de manera proactiva, reduciendo el riesgo de compromisos en la aplicación.

Además de las actualizaciones regulares, es importante planificar la migración a nuevas versiones mayores de dependencias cuando sea necesario. Aunque estas actualizaciones pueden requerir más esfuerzo debido a los cambios incompatibles, también ofrecen mejoras significativas en términos de rendimiento, seguridad y funcionalidades. La planificación cuidadosa de estas migraciones, incluyendo la evaluación del impacto, la actualización del código y la validación mediante pruebas exhaustivas, asegura una transición fluida y minimiza las interrupciones en el desarrollo y la operación de la aplicación.

La documentación adecuada de las dependencias y su gestión es esencial para el mantenimiento a largo plazo del proyecto. Mantener un registro de las dependencias utilizadas, sus versiones y cualquier personalización o ajuste realizado facilita la comprensión del entorno de desarrollo y la resolución de problemas. La documentación también ayuda a los nuevos miembros del equipo a familiarizarse rápidamente con el proyecto y a seguir las prácticas establecidas para la gestión de dependencias.

La eliminación de dependencias innecesarias es otra parte importante del mantenimiento. A lo largo del tiempo, algunas bibliotecas pueden quedar obsoletas o reemplazadas por soluciones más eficientes. Mantener dependencias que ya no se utilizan aumenta la complejidad del proyecto y puede introducir riesgos de seguridad innecesarios. Revisar periódicamente las dependencias y eliminar aquellas que ya no son necesarias contribuye a mantener el proyecto limpio, seguro y fácil de mantener.

El uso de entornos virtuales o contenedores también facilita la gestión de dependencias. Herramientas como virtualenv para Python o Docker para aplicaciones en general permiten aislar el entorno de desarrollo y garantizar que las dependencias no interfieran entre proyectos. Esto no solo mejora la reproducibilidad y la consistencia, sino que también simplifica la actualización y el mantenimiento de dependencias al permitir probar cambios en entornos aislados antes de aplicarlos al entorno principal.

La gestión de dependencias es una tarea continua que requiere atención y disciplina. Adoptar un enfoque proactivo y sistemático para la actualización y el mantenimiento de dependencias no solo mejora la seguridad y la estabilidad de la aplicación, sino que también facilita el desarrollo continuo y la innovación. La combinación de herramientas de automatización, pruebas exhaustivas y buenas prácticas de documentación asegura que las dependencias se gestionen de manera eficiente y efectiva, permitiendo a los equipos de desarrollo centrarse en la creación de valor y la mejora continua del software.

Implementación de OAuth2 y JWT

La seguridad en las aplicaciones modernas es un aspecto fundamental que no puede pasarse por alto, especialmente cuando se trata de la autenticación y autorización de usuarios. Dos de las tecnologías más utilizadas para abordar estos desafíos en aplicaciones backend son OAuth2 y JSON Web Tokens (JWT). Ambas herramientas permiten implementar sistemas de autenticación seguros y escalables, facilitando el manejo de permisos y el acceso a recursos protegidos.

OAuth2 es un protocolo de autorización que permite a las aplicaciones acceder a los recursos de un usuario en otro servicio sin necesidad de compartir las credenciales. Por ejemplo, cuando una aplicación permite iniciar sesión con una cuenta de Google o Facebook, está utilizando OAuth2 para obtener acceso a la información del usuario de manera segura. Este protocolo se basa en la emisión de tokens de acceso que representan los permisos concedidos a la aplicación. Estos tokens se utilizan en lugar de las credenciales del usuario, reduciendo el riesgo de exposición de información sensible.

El flujo de trabajo de OAuth2 implica varios actores: el propietario del recurso (el usuario), el cliente (la aplicación que solicita acceso), el servidor de autorización (que autentica al usuario y emite los tokens) y el servidor de recursos (que alberga los datos protegidos). El proceso comienza cuando el cliente solicita permiso al propietario del recurso para acceder a su información. El propietario del recurso es redirigido al servidor de autorización, donde ingresa sus credenciales y concede los permisos solicitados. Luego, el servidor de autorización emite un token de acceso que el cliente puede usar para realizar solicitudes al servidor de recursos.

Uno de los flujos más comunes en OAuth2 es el flujo de autorización con código. En este flujo, el cliente redirige al usuario al servidor de autorización con una solicitud que incluye el identificador del cliente y el alcance de los permisos solicitados. Si el usuario concede los permisos, el servidor de autorización redirige al cliente con un código de autorización. El cliente intercambia este código por un token de acceso mediante una solicitud al servidor de autorización. Este token se utiliza para acceder a los recursos protegidos sin necesidad de volver a autenticar al usuario.

JSON Web Tokens (JWT) es un estándar abierto que define un formato compacto y seguro para la transmisión de información entre partes como un objeto JSON. Los JWT se utilizan comúnmente en combinación con OAuth2 para representar los tokens de acceso. Un JWT consta de tres partes: el encabezado, el cuerpo y la firma. El encabezado especifica el algoritmo utilizado para la firma, el cuerpo contiene las declaraciones o claims (información sobre el usuario y los permisos), y la firma asegura que el token no ha sido alterado.

La implementación de JWT en aplicaciones backend ofrece varias ventajas. Los tokens JWT son auto-contenidos, lo que significa que toda la información necesaria para la autenticación y autorización está incluida en el propio token. Esto elimina la necesidad de almacenar el estado de la sesión en el servidor, facilitando la escalabilidad de la aplicación. Además, los JWT pueden ser firmados y cifrados para garantizar su integridad y confidencialidad, proporcionando un alto nivel de seguridad.

Para implementar OAuth2 y JWT en una aplicación backend, es necesario configurar tanto el servidor de autorización como el servidor de recursos. En muchos casos, los desarrolladores optan por utilizar proveedores de identidad externos, como Google, Facebook o Autho, que gestionan el proceso de autenticación y emisión de tokens. Sin embargo, también es posible implementar un servidor de autorización propio utilizando bibliotecas y frameworks disponibles en diferentes lenguajes de programación.

En un escenario típico, el backend actúa como servidor de recursos, validando los tokens JWT recibidos en las solicitudes y concediendo acceso a los recursos protegidos si el token es válido. La validación del token incluye la verificación de la firma, la comprobación de la fecha de expiración y la evaluación de los permisos contenidos en el token. Si el token es válido y el usuario tiene los permisos adecuados, el servidor responde con los datos solicitados. De lo contrario, devuelve un error de autorización.

Una de las mejores prácticas en la implementación de OAuth2 y JWT es la configuración de un tiempo de expiración adecuado para los tokens. Los tokens de acceso deben tener una duración limitada para reducir el riesgo de uso indebido en caso de que sean comprometidos. Para mantener la experiencia del usuario sin interrupciones, se pueden utilizar tokens de actualización que permiten obtener nuevos tokens de acceso sin necesidad de volver a autenticar al usuario. Estos tokens de actualización deben almacenarse y gestionarse con especial cuidado debido a su capacidad para prolongar el acceso.

La seguridad en la transmisión de tokens también es un aspecto crítico. Los tokens JWT deben transmitirse siempre a través de canales seguros, como HTTPS, para protegerlos contra la interceptación y el uso no autorizado. Además, es recomendable almacenar los tokens en ubicaciones seguras en el cliente, evitando el almacenamiento en lugares vulnerables como el almacenamiento local del navegador, que podría ser accesible a través de scripts maliciosos.

La implementación de OAuth2 y JWT también facilita la integración con servicios de terceros y aplicaciones móviles. Al utilizar un estándar común para la autenticación y autorización, las aplicaciones pueden interoperar fácilmente con otros sistemas y servicios que admiten estos protocolos. Esto es especialmente útil en entornos empresariales donde se requiere acceso a múltiples aplicaciones y servicios con una sola autenticación, conocido como inicio de sesión único (SSO).

La auditoría y el monitoreo de la autenticación y autorización son componentes esenciales para mantener la seguridad de la aplicación. Registrar eventos como intentos de inicio de sesión, concesiones de permisos y accesos a recursos protegidos permite detectar comportamientos sospechosos y responder rápidamente a posibles amenazas. Además, la revisión periódica de los permisos concedidos y la rotación de claves de firma contribuyen a mantener un entorno seguro.

La combinación de OAuth2 y JWT proporciona una solución robusta y escalable para la autenticación y autorización en aplicaciones backend. Al implementar estos estándares, los desarrolladores pueden garantizar un acceso seguro y controlado a los recursos protegidos, mejorar la experiencia del usuario y facilitar la integración con otros servicios. La comprensión y aplicación adecuada de estos protocolos es una habilidad esencial para cualquier desarrollador backend que busque construir aplicaciones modernas y seguras.

Integración con servicios de terceros

La integración con servicios de terceros es una práctica común y esencial en el desarrollo de aplicaciones backend modernas. A medida que las aplicaciones se vuelven más complejas y las necesidades de los usuarios crecen, aprovechar servicios externos permite a los desarrolladores añadir funcionalidades avanzadas sin tener que construirlas desde cero. Estas integraciones pueden incluir servicios de pago, autenticación, almacenamiento en la nube, análisis de datos, mensajería y muchas otras funciones que enriquecen la experiencia del usuario y optimizan los procesos internos.

El primer paso para integrar un servicio de terceros es comprender claramente los requisitos de la aplicación y cómo el servicio externo puede satisfacer esas necesidades. Esto implica evaluar las características del servicio, su documentación, los costos asociados y su compatibilidad con la arquitectura existente. Es fundamental elegir servicios que sean confiables, seguros y que tengan un soporte adecuado, ya que la dependencia de un servicio externo puede afectar directamente la estabilidad y el rendimiento de la aplicación.

La mayoría de los servicios de terceros proporcionan APIs (Application Programming Interfaces) que permiten la comunicación entre la aplicación y el servicio externo. Estas APIs suelen seguir estándares como REST o GraphQL y utilizan formatos de datos como JSON o XML para el intercambio de información. La autenticación y autorización son aspectos clave en estas integraciones, ya que aseguran que solo los usuarios y aplicaciones autorizados puedan acceder a los servicios. Métodos de autenticación como OAuth2 y el uso de tokens JWT (JSON Web Tokens) son comunes en este contexto, proporcionando un acceso seguro y controlado a los recursos.

Una vez seleccionados los servicios y comprendidas sus APIs, el siguiente paso es implementar la integración en la aplicación backend. Esto generalmente implica la configuración de las credenciales de autenticación, la creación de clientes API y la gestión de las solicitudes y respuestas. Es importante manejar adecuadamente los errores y las excepciones, ya que los servicios externos pueden experimentar fallos o cambios en su disponibilidad. Implementar mecanismos de reintento, manejo de tiempos de espera y degradación controlada ayuda a mantener la estabilidad de la aplicación incluso cuando los servicios externos enfrentan problemas.

La gestión de dependencias y la modularidad son aspectos importantes en la integración con servicios de terceros. Mantener el código de integración separado en módulos o servicios específicos facilita el mantenimiento y la actualización de las integraciones. Esto también permite reutilizar el código en diferentes partes de la aplicación o en otros proyectos. Además, es recomendable utilizar bibliotecas oficiales o mantenidas por la comunidad cuando estén disponibles, ya que suelen estar optimizadas para interactuar con el servicio y manejan muchos de los detalles técnicos de la comunicación.

La seguridad es un aspecto crítico en la integración con servicios de terceros. Es fundamental proteger las credenciales y los tokens de acceso, almacenándolos de manera segura en variables de entorno o utilizando servicios de gestión de secretos. Además, es importante validar y sanitizar las respuestas de los servicios externos para evitar vulnerabilidades como la inyección de código o el procesamiento de datos maliciosos. Implementar controles de acceso adecuados y revisar regularmente las políticas de seguridad del servicio externo ayuda a mantener la integridad y la confidencialidad de los datos.

El monitoreo y la auditoría de las integraciones son esenciales para garantizar su funcionamiento correcto y detectar problemas a tiempo. Registrar las solicitudes y respuestas de las APIs, así como los errores y tiempos de respuesta, proporciona información valiosa para el diagnóstico y la optimización de la integración. Herramientas de monitoreo y análisis, como Prometheus, Grafana o servicios de logging en la nube, permiten visualizar y analizar el rendimiento de las integraciones en tiempo real, facilitando la identificación de cuellos de botella o fallos recurrentes.

La escalabilidad y la resiliencia son consideraciones importantes en la integración con servicios de terceros. A medida que la aplicación crece y el volumen de solicitudes aumenta, es necesario asegurarse de que las integraciones puedan manejar la carga sin degradar el rendimiento. Implementar técnicas de almacenamiento en caché para respuestas frecuentes, utilizar colas de mensajes para gestionar cargas elevadas y diseñar la arquitectura para soportar el escalado horizontal son estrategias que ayudan a mantener la eficiencia y la disponibilidad de las integraciones.

La documentación y la comunicación efectiva son clave en el manejo de integraciones con servicios de terceros. Documentar claramente cómo se realiza la integración, qué configuraciones son necesarias y cómo se manejan los errores facilita el mantenimiento y la colaboración dentro del equipo de desarrollo. Además, mantenerse informado sobre las actualizaciones y cambios en las APIs de los servicios externos es crucial para anticipar y adaptarse a posibles modificaciones que puedan afectar la integración.

La integración con servicios de terceros ofrece una manera poderosa y eficiente de ampliar las capacidades de una aplicación backend. Al aprovechar servicios externos confiables y bien documentados, los desarrolladores pueden enfocarse en la lógica de negocio principal y ofrecer funcionalidades avanzadas sin incurrir en el costo y la complejidad de desarrollarlas internamente. Sin embargo, esta dependencia también implica desafíos en términos de seguridad, mantenimiento y resiliencia, que deben ser gestionados cuidadosamente para asegurar el éxito y la sostenibilidad de la aplicación. Con un enfoque estructurado y el uso de buenas prácticas, la integración con servicios de terceros puede convertirse en un componente clave para el desarrollo de aplicaciones robustas y escalables.

Uso de herramientas de administración de bases de datos

El uso de herramientas de administración de bases de datos es esencial para garantizar el correcto funcionamiento, mantenimiento y optimización de los sistemas de almacenamiento de datos en cualquier aplicación backend. Las bases de datos son el corazón de muchas aplicaciones modernas, y su gestión adecuada permite no solo mantener la integridad y la seguridad de los datos, sino también mejorar el rendimiento y la escalabilidad del sistema. Existen diversas herramientas que facilitan estas tareas, desde la administración básica hasta la ejecución de consultas complejas, la gestión de usuarios y la supervisión del rendimiento.

Las herramientas de administración de bases de datos proporcionan interfaces gráficas y comandos que simplifican la interacción con los sistemas de gestión de bases de datos (DBMS), como MySQL, PostgreSQL, Oracle, SQL Server y MongoDB, entre otros. Estas herramientas permiten a los administradores y desarrolladores ejecutar consultas SQL, crear y modificar esquemas, gestionar usuarios y permisos, realizar copias de seguridad y restauraciones, y monitorear el rendimiento del sistema. La elección de la herramienta adecuada depende de varios factores, incluyendo el tipo de base de datos, las necesidades específicas del proyecto y la experiencia del equipo.

Una de las herramientas más utilizadas para la administración de bases de datos relacionales es phpMyAdmin. Esta herramienta de código abierto proporciona una interfaz web para gestionar bases de datos MySQL y MariaDB. Con phpMyAdmin, los usuarios pueden crear y modificar bases de datos, tablas, índices y relaciones, así como ejecutar consultas SQL y exportar o importar datos en diferentes formatos. Su facilidad de uso y amplia adopción la convierten en una opción popular tanto para desarrolladores principiantes como experimentados. Sin embargo, para bases de datos más grandes o entornos de producción, se recomienda utilizar herramientas más robustas que ofrezcan un mayor control y funcionalidades avanzadas.

PgAdmin es la herramienta de administración más popular para PostgreSQL, uno de los sistemas de bases de datos relacionales de código abierto más potentes y versátiles. PgAdmin proporciona una interfaz gráfica completa que permite gestionar esquemas, ejecutar consultas y monitorear el rendimiento del servidor. También incluye herramientas para la depuración de funciones y procedimientos almacenados, así como para la visualización de relaciones entre tablas. La capacidad de PgAdmin para gestionar múltiples servidores y su soporte para características avanzadas de PostgreSQL lo hacen ideal para entornos complejos y aplicaciones de misión crítica.

Para bases de datos no relacionales, como MongoDB, existen herramientas específicas que facilitan su administración. MongoDB Compass es una interfaz gráfica oficial que permite a los usuarios explorar y analizar sus bases de datos MongoDB. Con Compass, es posible visualizar documentos, ejecutar consultas en el lenguaje de consultas de MongoDB, crear índices y validar esquemas. La herramienta también ofrece análisis de rendimiento y sugerencias para optimizar las consultas, lo que resulta útil para mantener el sistema funcionando de manera eficiente.

SQL Server Management Studio (SSMS) es la herramienta principal para la administración de Microsoft SQL Server. SSMS proporciona un entorno integrado que permite gestionar bases de datos, configurar la seguridad, realizar copias de seguridad y restauraciones, y monitorear el rendimiento del servidor. La herramienta incluye un editor de consultas avanzado, soporte para procedimientos almacenados y funciones, y herramientas de análisis y optimización de consultas. SSMS es ampliamente utilizado en entornos empresariales que dependen de SQL Server para sus aplicaciones críticas.

Además de las herramientas específicas para cada sistema de gestión de bases de datos, existen herramientas multiplataforma que permiten administrar diferentes tipos de bases de datos desde una única interfaz. DBeaver es una de estas herramientas, ofreciendo soporte para una amplia gama de bases de datos relacionales y no relacionales, incluyendo MySQL, PostgreSQL, Oracle, SQL Server, SQLite y MongoDB. DBeaver proporciona una interfaz de usuario intuitiva, un editor de SQL avanzado, y herramientas de diseño y modelado de bases de datos. Su flexibilidad y compatibilidad lo convierten en una opción atractiva para equipos que trabajan con múltiples tecnologías de bases de datos.

La gestión de usuarios y permisos es una parte fundamental de la administración de bases de datos, y las herramientas mencionadas ofrecen funcionalidades para facilitar estas tareas. Configurar correctamente los permisos de acceso es crucial para proteger la integridad y la confidencialidad de los datos. Las herramientas de administración permiten crear y gestionar roles de usuario, asignar permisos específicos para la lectura, escritura y modificación de datos, y auditar el acceso a la base de datos. Implementar una política de seguridad robusta ayuda a prevenir accesos no autorizados y a cumplir con los requisitos normativos y de cumplimiento.

La realización de copias de seguridad y la restauración de bases de datos son tareas críticas que aseguran la disponibilidad y recuperación de datos en caso de fallos del sistema o desastres. Las herramientas de administración de bases de datos proporcionan opciones para realizar copias de seguridad automáticas o manuales, configurar estrategias de recuperación y verificar la integridad de las copias de seguridad. Es importante establecer una política de copias de seguridad regular y probar periódicamente los procesos de restauración para garantizar que los datos puedan recuperarse de manera rápida y completa en caso de necesidad.

El monitoreo del rendimiento es otro aspecto clave en la administración de bases de datos. Las herramientas de administración incluyen funciones para supervisar el uso de recursos, identificar cuellos de botella y optimizar el rendimiento de las consultas. Por ejemplo, PgAdmin y SSMS ofrecen herramientas para analizar los planes de ejecución de consultas, identificar operaciones costosas y sugerir índices o modificaciones en las consultas para mejorar la eficiencia. El monitoreo proactivo del rendimiento permite detectar y resolver problemas antes de que afecten a los usuarios finales, asegurando que la aplicación se mantenga rápida y receptiva.

La automatización de tareas de administración de bases de datos es una práctica que mejora la eficiencia y reduce el riesgo de errores humanos. Herramientas como Ansible y Terraform permiten definir y gestionar la infraestructura de bases de datos como código, facilitando la creación, configuración y mantenimiento de bases de datos en entornos de desarrollo, prueba y producción. La automatización también permite programar tareas repetitivas, como la ejecución de consultas programadas, la generación de informes y la actualización de datos, liberando tiempo para que los administradores se concentren en tareas más estratégicas.

La integración de las herramientas de administración de bases de datos en el flujo de trabajo de desarrollo es fundamental para garantizar la coherencia y la colaboración entre los equipos. Utilizar entornos de desarrollo consistentes, compartir esquemas y scripts de base de datos, y mantener una documentación clara de los cambios facilita la gestión del ciclo de vida de la base de datos y mejora la calidad del software. La colaboración entre desarrolladores y administradores de bases de datos es esencial para alinear los objetivos técnicos y de negocio, y para asegurar que la base de datos respalde de manera efectiva las necesidades de la aplicación.

El uso adecuado de herramientas de administración de bases de datos no solo facilita las tareas diarias de gestión y mantenimiento, sino que también contribuye a la seguridad, el rendimiento y la escalabilidad de las aplicaciones backend. La elección de la herramienta adecuada, la implementación de buenas prácticas y la integración en el flujo de trabajo de desarrollo son componentes clave para el éxito en la gestión de bases de datos. A medida que las aplicaciones y los volúmenes de datos continúan creciendo, el dominio de estas herramientas y técnicas se convierte en una habilidad esencial para los desarrolladores y administradores de bases de datos.

Migración de bases de datos

La migración de bases de datos es un proceso esencial en el ciclo de vida de cualquier aplicación o sistema de información. Este procedimiento implica la transferencia de datos de una base de datos a otra, ya sea dentro del mismo sistema de gestión de bases de datos (DBMS) o entre diferentes plataformas. Las razones para realizar una migración pueden variar desde la necesidad de actualizar tecnologías obsoletas, mejorar el rendimiento, escalar la infraestructura, consolidar datos dispersos o adaptarse a nuevas arquitecturas en la nube. Independientemente del motivo, la migración de bases de datos requiere una planificación meticulosa y una ejecución precisa para asegurar la integridad de los datos y minimizar el tiempo de inactividad.

El primer paso en cualquier migración de bases de datos es comprender el alcance y los objetivos del proyecto. Esto implica identificar qué datos necesitan ser migrados, las dependencias entre las tablas y los posibles desafíos técnicos que puedan surgir. Una evaluación inicial ayuda a determinar si la migración será directa o si será necesario realizar transformaciones en los datos para adaptarse a la nueva estructura. Esta etapa también incluye la selección de herramientas y tecnologías adecuadas para facilitar el proceso. Herramientas como AWS Database Migration Service, Azure Database Migration Service, y soluciones de código abierto como Flyway o Liquibase son ampliamente utilizadas para automatizar y gestionar migraciones.

Una vez definido el alcance, es crucial realizar una copia de seguridad completa de la base de datos original. Este paso garantiza que, en caso de cualquier fallo durante la migración, se pueda restaurar el sistema a su estado anterior sin pérdida de datos. Las copias de seguridad deben almacenarse en ubicaciones seguras y verificarse para asegurar su integridad antes de continuar con el proceso de migración. Además, se recomienda crear un entorno de prueba donde se pueda simular la migración sin afectar el entorno de producción. Esto permite identificar problemas potenciales y ajustar el proceso antes de la migración real.

El siguiente paso es la preparación de la base de datos de destino. Esto incluye la configuración del nuevo entorno, la creación de esquemas de base de datos y la definición de índices, restricciones y relaciones necesarias para mantener la integridad de los datos. Si la migración implica un cambio de plataforma, como pasar de una base de datos relacional a una no relacional, es necesario adaptar la estructura de los datos para cumplir con los requisitos del nuevo sistema. Esta etapa también puede incluir la optimización de consultas y la reestructuración de tablas para mejorar el rendimiento en el nuevo entorno.

Durante la migración propiamente dicha, los datos se transfieren desde la base de datos de origen a la base de datos de destino. Dependiendo del volumen de datos y la complejidad del sistema, este proceso puede realizarse en una sola operación o en fases. Las migraciones en fases permiten transferir datos en bloques, lo que puede facilitar la gestión del proceso y reducir el riesgo de errores. Es fundamental monitorear de cerca la transferencia de datos para detectar cualquier problema de integridad o consistencia. Las herramientas de migración suelen incluir funciones de validación que comparan los datos migrados con los originales para asegurar que no haya discrepancias.

La migración de datos también puede implicar la transformación de los mismos. En algunos casos, los datos deben ser limpiados, normalizados o convertidos a diferentes formatos para adaptarse a la nueva base de datos. Este proceso de transformación debe planificarse cuidadosamente para evitar la pérdida de información y garantizar que los datos migrados sean precisos y útiles. Las transformaciones pueden incluir la conversión de tipos de datos, la combinación de tablas, la eliminación de duplicados y la corrección de errores en los datos originales.

Una vez completada la migración, es esencial realizar pruebas exhaustivas para verificar que todos los datos se han transferido correctamente y que la aplicación funciona como se espera en el nuevo entorno. Estas pruebas deben incluir la validación de la integridad de los datos, la verificación de las relaciones y restricciones, y la evaluación del rendimiento de las consultas. Además, se deben ejecutar pruebas funcionales para asegurar que todas las funcionalidades de la aplicación que dependen de la base de datos operan correctamente.

Después de validar la migración, el siguiente paso es la transición al entorno de producción. Este proceso debe planificarse cuidadosamente para minimizar el tiempo de inactividad y el impacto en los usuarios. En algunos casos, se puede utilizar un enfoque de migración en caliente, donde la base de datos original y la nueva funcionan en paralelo durante un tiempo para asegurar una transición suave. Alternativamente, la migración puede realizarse durante períodos de baja actividad para reducir el riesgo de interrupciones.

La documentación es una parte fundamental del proceso de migración. Registrar cada paso del proceso, incluyendo los desafíos encontrados y las soluciones implementadas, proporciona una referencia valiosa para futuras migraciones y facilita el mantenimiento del sistema. La documentación también debe incluir detalles sobre la configuración del nuevo entorno, las herramientas utilizadas y cualquier cambio realizado en la estructura de los datos.

El monitoreo posterior a la migración es crucial para identificar y resolver cualquier problema que pueda surgir después de la transición. Esto incluye la supervisión del rendimiento de la base de datos, la detección de errores en la aplicación y la verificación continua de la integridad de los datos. Herramientas de monitoreo y análisis, como Prometheus, Grafana y New Relic, pueden integrarse para proporcionar visibilidad en tiempo real sobre el estado del sistema y ayudar a identificar áreas que requieren optimización.

La migración de bases de datos también puede ser una oportunidad para mejorar la arquitectura del sistema y adoptar nuevas tecnologías. Por ejemplo, migrar a una solución en la nube puede ofrecer beneficios significativos en términos de escalabilidad, disponibilidad y costos. Las plataformas en la nube como Amazon RDS, Google Cloud SQL y Microsoft Azure SQL Database ofrecen servicios gestionados que simplifican la administración de bases de datos y permiten a los equipos de desarrollo centrarse en la innovación y el desarrollo de nuevas funcionalidades.

En algunos casos, la migración de bases de datos puede implicar desafíos complejos, como la migración de datos en tiempo real o la sincronización de bases de datos en diferentes ubicaciones geográficas. Estas situaciones requieren soluciones avanzadas, como la replicación de datos en tiempo real, el uso de colas de mensajes para gestionar la consistencia eventual o la implementación de arquitecturas distribuidas que soporten la alta disponibilidad y la tolerancia a fallos.

El éxito de una migración de bases de datos depende en gran medida de la planificación, la ejecución y el monitoreo continuo. Adoptar un enfoque estructurado y utilizar las herramientas y prácticas adecuadas puede minimizar los riesgos y asegurar una transición suave y eficiente. La migración no es solo un proceso técnico, sino también una oportunidad para mejorar la infraestructura, optimizar el rendimiento y preparar el sistema para futuros desafíos y oportunidades de crecimiento.

Optimización de la latencia y tiempos de respuesta

La optimización de la latencia y los tiempos de respuesta en aplicaciones backend es crucial para garantizar una experiencia de usuario fluida y eficiente. A medida que las aplicaciones escalan y los volúmenes de datos aumentan, mantener tiempos de respuesta bajos se convierte en un desafío técnico significativo. La latencia, que se refiere al tiempo que tarda una solicitud en viajar desde el cliente hasta el servidor y regresar, puede verse afectada por múltiples factores, incluyendo la arquitectura del sistema, la eficiencia del código, el rendimiento de la base de datos y la infraestructura de red.

Uno de los primeros pasos para optimizar la latencia es identificar las fuentes de demora en el sistema. Esto se puede lograr mediante el monitoreo y la instrumentación de la aplicación, utilizando herramientas que proporcionen visibilidad sobre el rendimiento de cada componente. Herramientas como Prometheus, Grafana o New Relic permiten rastrear métricas clave como el tiempo de respuesta de las API, la carga de la base de datos y el uso de recursos del servidor. Con esta información, es posible detectar cuellos de botella y áreas que requieren optimización.

El rendimiento del código es un factor fundamental que influye en la latencia. Es esencial escribir código eficiente, evitando operaciones costosas y optimizando algoritmos. La revisión del código y las pruebas de rendimiento ayudan a identificar partes del código que pueden ralentizar la aplicación. Por ejemplo, las operaciones de bucle innecesarias, las consultas a la base de datos dentro de bucles o el manejo ineficiente de estructuras de datos pueden aumentar significativamente los tiempos de respuesta. Refactorizar el código para eliminar estos problemas puede tener un impacto inmediato en la latencia.

La optimización de las consultas a la base de datos es otra área crítica. Las bases de datos suelen ser uno de los principales puntos de latencia en una aplicación backend. El uso adecuado de índices, la normalización de tablas y la optimización de consultas SQL pueden reducir significativamente el tiempo necesario para recuperar datos. Además, la implementación de cachés para almacenar los resultados de consultas frecuentes puede disminuir la carga en la base de datos y acelerar las respuestas. Herramientas como Redis o Memcached son útiles para implementar sistemas de caché en memoria que permiten el acceso rápido a datos que no cambian con frecuencia.

El uso de Content Delivery Networks (CDNs) también puede ayudar a reducir la latencia, especialmente en aplicaciones que sirven contenido estático como imágenes, videos o archivos. Los CDNs distribuyen el contenido a través de una red de servidores ubicados en diferentes geografías, acercando los datos al usuario final y reduciendo el tiempo de carga. Para las aplicaciones que operan a nivel global, la implementación de CDNs es esencial para garantizar tiempos de respuesta rápidos sin importar la ubicación del usuario.

La arquitectura de la aplicación también juega un papel importante en la optimización de la latencia. Las arquitecturas monolíticas pueden volverse lentas a medida que crecen, debido a la complejidad y la interdependencia de los componentes. Adoptar una arquitectura de microservicios, donde la aplicación se divide en servicios pequeños e independientes, puede mejorar el rendimiento al permitir escalar individualmente los componentes que requieren más recursos. Además, los microservicios pueden desplegarse en ubicaciones geográficas estratégicas para reducir la distancia física entre el servidor y el usuario, disminuyendo así la latencia.

El balanceo de carga es otra técnica efectiva para mejorar los tiempos de respuesta. Al distribuir las solicitudes entrantes entre múltiples servidores, el balanceo de carga evita que un solo servidor se sobrecargue y garantiza que los recursos se utilicen de manera eficiente. Los balanceadores de carga pueden configurarse para dirigir el tráfico al servidor más cercano o al que tenga menos carga en ese momento, optimizando así la latencia. Servicios como AWS Elastic Load Balancer, Google Cloud Load Balancer y NGINX son ampliamente utilizados para implementar balanceo de carga en aplicaciones backend.

La compresión de datos es una técnica que puede reducir significativamente la cantidad de tiempo que toma transferir datos entre el cliente y el servidor. Al comprimir las respuestas del servidor antes de enviarlas al cliente, se reduce el tamaño de los datos que deben viajar por la red, acelerando el tiempo de respuesta. Protocolos como GZIP y Brotli son comúnmente utilizados para la compresión de datos en aplicaciones web. Además, optimizar el tamaño de los archivos JSON o XML, eliminando campos innecesarios o utilizando formatos binarios más eficientes como Protocol Buffers o MessagePack, también puede contribuir a mejorar la latencia.

La gestión de conexiones es otro aspecto importante en la optimización de la latencia. Mantener conexiones abiertas y reutilizarlas en lugar de establecer nuevas conexiones para cada solicitud puede reducir el tiempo de configuración y negociación. En el caso de las bases de datos, el uso de pools de conexiones permite gestionar y reutilizar conexiones de manera eficiente, mejorando el rendimiento de las operaciones de lectura y escritura. En las aplicaciones web, el uso de HTTP/2 y WebSockets puede mejorar la eficiencia de la comunicación al permitir múltiples solicitudes y respuestas simultáneas en una sola conexión.

El uso de procesamiento asíncrono y colas de mensajes puede mejorar la latencia percibida por el usuario al diferir tareas que no requieren una respuesta inmediata. Por ejemplo, si una operación de procesamiento de datos es intensiva en recursos, se puede colocar en una cola para su ejecución posterior, mientras que el servidor responde rápidamente al usuario indicando que la solicitud ha sido recibida. Herramientas como RabbitMQ, Apache Kafka y AWS SQS permiten implementar colas de mensajes y sistemas de procesamiento asíncrono que mejoran la escalabilidad y el rendimiento de la aplicación.

El monitoreo continuo y la mejora iterativa son esenciales para mantener la latencia bajo control a lo largo del tiempo. A medida que la aplicación evoluciona y el volumen de usuarios crece, es necesario ajustar y optimizar continuamente el sistema para adaptarse a las nuevas demandas. Las pruebas de carga y estrés permiten simular condiciones de alta demanda y evaluar cómo responde la aplicación bajo presión. Estas pruebas ayudan a identificar cuellos de botella y áreas que requieren optimización antes de que los problemas afecten a los usuarios finales.

La optimización de la latencia y los tiempos de respuesta no es un esfuerzo único, sino un proceso continuo que requiere atención constante y adaptación a las necesidades cambiantes de la aplicación y los usuarios. Al combinar un diseño de arquitectura eficiente, el uso adecuado de herramientas y técnicas de optimización, y un monitoreo proactivo, es posible construir aplicaciones backend que ofrezcan un rendimiento excepcional y una experiencia de usuario satisfactoria. La clave está en identificar las áreas de mejora, implementar soluciones efectivas y mantener una cultura de optimización continua que permita a la aplicación mantenerse competitiva y eficiente en un entorno tecnológico en constante evolución.

Trabajo con datos en streaming

El trabajo con datos en streaming se ha convertido en un componente esencial en la arquitectura de aplicaciones modernas, especialmente en aquellas que requieren procesamiento en tiempo real. A medida que la cantidad de datos generados por dispositivos, aplicaciones y usuarios crece exponencialmente, la capacidad de procesar esta información de manera continua y eficiente se vuelve crucial. El procesamiento de datos en streaming permite analizar y actuar sobre los datos a medida que se generan, ofreciendo ventajas significativas en términos de rapidez, escalabilidad y toma de decisiones basada en datos actualizados.

El concepto de datos en streaming implica la transmisión continua de información desde diversas fuentes hacia sistemas de procesamiento que pueden analizar, transformar y almacenar los datos casi en tiempo real. A diferencia del procesamiento por lotes, que agrupa los datos y los procesa en intervalos específicos, el streaming permite un flujo constante de datos que pueden ser utilizados de inmediato. Esto es particularmente útil en aplicaciones que requieren respuestas rápidas, como el monitoreo de redes, la detección de fraudes, las recomendaciones personalizadas y la gestión de dispositivos IoT.

Para implementar soluciones de datos en streaming, es fundamental comprender la arquitectura subyacente que soporta este tipo de procesamiento. La arquitectura típica de streaming consta de tres componentes principales: la ingesta de datos, el procesamiento y el almacenamiento o la acción resultante. La ingesta de datos se refiere a la captura de información desde diversas fuentes, como sensores, registros de aplicaciones, redes sociales o transacciones financieras. Esta información se envía a través de sistemas de mensajería o colas, como Apache Kafka, RabbitMQ o Amazon Kinesis, que actúan como intermediarios para asegurar que los datos se transmitan de manera eficiente y confiable.

Una vez que los datos son ingeridos, pasan al sistema de procesamiento. Aquí es donde se realiza el análisis en tiempo real, aplicando transformaciones, agregaciones, filtrados y otras operaciones necesarias para extraer información útil. Herramientas como Apache Flink, Apache Storm y Spark Streaming son ampliamente utilizadas para este propósito, ya que ofrecen capacidades robustas para manejar flujos de datos a gran escala con baja latencia. Estos sistemas permiten definir pipelines de procesamiento que pueden adaptarse dinámicamente a los cambios en el volumen y la velocidad de los datos.

El almacenamiento y la acción son las fases finales en el flujo de datos en streaming. Dependiendo del caso de uso, los datos procesados pueden ser almacenados en bases de datos, enviados a dashboards para visualización en tiempo real o utilizados para desencadenar acciones automáticas. Por ejemplo, en un sistema de detección de fraudes, una transacción sospechosa puede ser identificada y bloqueada en cuestión de segundos, mientras que en una aplicación de recomendaciones, los datos de comportamiento del usuario pueden actualizar las sugerencias en tiempo real. La elección del almacenamiento adecuado, como bases de datos NoSQL, almacenes de datos en la nube o sistemas de archivos distribuidos, depende de la naturaleza y los requisitos de acceso a los datos.

El diseño de aplicaciones que manejan datos en streaming presenta varios desafíos que deben ser abordados para garantizar la eficiencia y la fiabilidad. La latencia es uno de los aspectos más críticos, ya que el objetivo principal del streaming es procesar y actuar sobre los datos lo más rápido posible. Optimizar la latencia requiere una configuración cuidadosa de la infraestructura, la elección de tecnologías adecuadas y la implementación de técnicas de paralelización y particionado de datos. Además, es importante gestionar el backpressure, que ocurre cuando la velocidad de producción de datos supera la capacidad del sistema de procesamiento, lo que puede causar cuellos de botella y pérdida de datos si no se maneja adecuadamente.

La escalabilidad es otro factor clave en el trabajo con datos en streaming. A medida que aumenta el volumen de datos, el sistema debe ser capaz de escalar horizontalmente, añadiendo más nodos o instancias para distribuir la carga de trabajo. Las arquitecturas basadas en la nube y los sistemas distribuidos ofrecen flexibilidad para escalar según sea necesario, pero también requieren una gestión cuidadosa de los recursos y la configuración para evitar costos innecesarios y mantener el rendimiento.

La tolerancia a fallos y la consistencia de los datos son consideraciones esenciales en el diseño de sistemas de streaming. Dado que los datos se procesan en tiempo real, cualquier fallo en el sistema puede resultar en la pérdida de información crítica. Implementar mecanismos de replicación, checkpoints y recuperación automática ayuda a garantizar que los datos no se pierdan y que el sistema pueda recuperarse rápidamente en caso de fallos. Además, es importante manejar la idempotencia en las operaciones, asegurando que las acciones repetidas sobre los mismos datos no produzcan resultados incorrectos.

La seguridad y la privacidad de los datos también deben ser prioritarias en cualquier solución de streaming. La transmisión y el procesamiento de datos en tiempo real pueden exponer información sensible si no se implementan medidas adecuadas de protección. El cifrado de datos en tránsito y en reposo, la autenticación y autorización robustas, y la auditoría continua son prácticas esenciales para proteger la integridad y la confidencialidad de la información. Además, cumplir con las normativas y regulaciones de protección de datos, como el GDPR o la CCPA, es fundamental para evitar sanciones y mantener la confianza de los usuarios.

El monitoreo y la observabilidad son componentes clave en la gestión de sistemas de datos en streaming. La visibilidad en tiempo real del estado del sistema, el rendimiento de las operaciones y la salud de los flujos de datos permite identificar y resolver problemas de manera proactiva. Herramientas como Prometheus, Grafana y ELK Stack proporcionan capacidades avanzadas de monitoreo y análisis que facilitan la supervisión continua y la optimización del sistema. La implementación de alertas automáticas y dashboards personalizados ayuda a los equipos de operaciones a mantener el control y a responder rápidamente a cualquier anomalía.

El trabajo con datos en streaming también abre nuevas oportunidades para la innovación y la creación de valor en diversas industrias. En el sector financiero, el análisis en tiempo real permite detectar fraudes y gestionar riesgos de manera más efectiva. En la industria de la salud, el monitoreo continuo de pacientes a través de dispositivos conectados puede mejorar la atención y la respuesta a emergencias. En el comercio electrónico, la personalización en tiempo real de la experiencia del usuario aumenta la satisfacción y las conversiones. La capacidad de actuar sobre los datos al instante transforma la forma en que las organizaciones operan y toman decisiones.

La evolución de las tecnologías de datos en streaming continúa expandiendo las posibilidades y mejorando las capacidades de procesamiento en tiempo real. El auge del edge computing, donde los datos se procesan cerca de su fuente de origen, y el desarrollo de nuevas plataformas y frameworks están impulsando la adopción de soluciones de streaming en una variedad de aplicaciones. La combinación de inteligencia artificial y aprendizaje automático con datos en streaming permite la creación de sistemas predictivos y adaptativos que pueden anticipar y responder a eventos antes de que ocurran.

El dominio del trabajo con datos en streaming es una habilidad esencial para los desarrolladores y arquitectos de sistemas que buscan construir aplicaciones modernas, eficientes y resilientes. La comprensión de las arquitecturas, tecnologías y desafíos asociados con el procesamiento en tiempo real permite diseñar soluciones que no solo cumplen con los requisitos actuales, sino que también están preparadas para enfrentar los desafíos del futuro. La capacidad de manejar y aprovechar los datos en streaming se convierte en un diferenciador clave en un mundo cada vez más impulsado por la información.

Gestión de sesiones en aplicaciones backend

La gestión de sesiones es un componente fundamental en el desarrollo de aplicaciones backend, ya que permite mantener la continuidad de la interacción entre el usuario y el servidor a lo largo del tiempo. Sin una gestión adecuada de sesiones, cada solicitud que realiza el usuario sería tratada de manera independiente, sin ninguna relación con las acciones previas. Esto no solo afectaría la experiencia del usuario, sino que también limitaría la funcionalidad de la aplicación, impidiendo la personalización, la persistencia de datos entre solicitudes y el manejo seguro de la autenticación y autorización.

El concepto de sesión en aplicaciones backend se refiere al estado persistente que se asocia con un usuario durante una serie de interacciones con la aplicación. Este estado puede incluir información como la identidad del usuario, sus preferencias, el contenido de su carrito de compras o cualquier otro dato que deba mantenerse entre solicitudes. La gestión de sesiones permite que esta información esté disponible durante toda la interacción del usuario con la aplicación, facilitando una experiencia continua y coherente.

Uno de los enfoques más comunes para la gestión de sesiones es el uso de cookies. Las cookies son pequeños archivos que el servidor envía al navegador del usuario y que se almacenan en el dispositivo del cliente. Cada vez que el usuario realiza una solicitud al servidor, el navegador envía automáticamente las cookies asociadas, permitiendo al servidor identificar al usuario y recuperar el estado de su sesión. Las cookies pueden contener directamente la información de la sesión o, más comúnmente, un identificador único que el servidor utiliza para buscar la información de la sesión en su base de datos.

El almacenamiento de la información de la sesión en el servidor puede realizarse de diferentes maneras, dependiendo de las necesidades de la aplicación y la arquitectura del sistema. Una opción es almacenar las sesiones en la memoria del servidor, lo que ofrece un acceso rápido y eficiente a los datos de la sesión. Sin embargo, este enfoque presenta limitaciones en términos de escalabilidad, ya que las sesiones solo están disponibles en el servidor donde se crearon. En aplicaciones distribuidas o que utilizan múltiples instancias de servidores, esto puede generar problemas cuando las solicitudes de un mismo usuario son manejadas por diferentes servidores.

Para resolver este problema, es común utilizar soluciones de almacenamiento de sesiones que permiten compartir la información entre múltiples servidores. Los almacenes de datos en memoria como Redis o Memcached son ampliamente utilizados para este propósito, ya que ofrecen un acceso rápido a los datos y soportan grandes volúmenes de sesiones. Estos sistemas permiten que cualquier servidor de la aplicación acceda a la información de la sesión, asegurando la coherencia y continuidad de la experiencia del usuario, incluso en entornos escalables y distribuidos.

Otra estrategia para la gestión de sesiones es el uso de tokens, como los JSON Web Tokens (JWT). En este enfoque, la información de la sesión se codifica y se firma en un token que se envía al cliente y se almacena en el navegador, generalmente en cookies o en el almacenamiento local. Cada vez que el usuario realiza una solicitud, el token se envía al servidor, que puede verificar su validez y extraer la información de la sesión directamente del token, sin necesidad de consultar una base de datos. Este enfoque es especialmente útil en aplicaciones sin estado, donde el servidor no almacena información sobre las sesiones y cada solicitud contiene toda la información necesaria para su procesamiento.

El uso de tokens para la gestión de sesiones presenta varias ventajas, incluyendo la escalabilidad y la simplicidad de la arquitectura. Al no requerir almacenamiento en el servidor, las aplicaciones pueden escalar horizontalmente sin preocuparse por la sincronización de las sesiones entre servidores. Además, los tokens pueden incluir información adicional, como roles de usuario o permisos, que el servidor puede utilizar para tomar decisiones de autorización. Sin embargo, este enfoque también requiere una gestión cuidadosa de la seguridad, ya que los tokens deben ser firmados y, en algunos casos, cifrados para proteger la información sensible.

La seguridad es un aspecto crítico en la gestión de sesiones. Las sesiones deben protegerse contra amenazas como la suplantación de identidad, la manipulación de datos y el secuestro de sesiones. Implementar el uso de cookies seguras (Secure Cookies), que solo se envían a través de conexiones HTTPS, y cookies con la bandera HttpOnly, que impide el acceso a las cookies desde el JavaScript del cliente, son prácticas recomendadas para mitigar estos riesgos. Además, establecer políticas de expiración de sesiones y tokens ayuda a reducir la ventana de oportunidad para ataques, limitando el tiempo durante el cual una sesión comprometida puede ser utilizada.

La invalidación y el manejo de la expiración de sesiones son aspectos importantes en el ciclo de vida de la gestión de sesiones. Las aplicaciones deben permitir que los usuarios cierren sesión de manera segura, invalidando la sesión en el servidor o asegurándose de que los tokens expirados no puedan ser reutilizados. En el caso de los JWT, dado que son auto-contenidos y no requieren almacenamiento en el servidor, se puede implementar una lista de revocación o utilizar tokens de corta duración combinados con tokens de actualización para gestionar la validez de las sesiones de manera efectiva.

El rendimiento también juega un papel importante en la gestión de sesiones, especialmente en aplicaciones con una gran base de usuarios. Optimizar el acceso a los datos de la sesión, ya sea mediante el uso de almacenes en memoria o la minimización del tamaño de los tokens, contribuye a mejorar la capacidad de respuesta de la aplicación. La implementación de técnicas de caché y la optimización de la serialización y deserialización de los datos de la sesión pueden reducir la carga en el servidor y mejorar la experiencia del usuario.

La personalización de la experiencia del usuario es otro beneficio clave de una gestión de sesiones eficaz. Mantener el estado de la sesión permite a las aplicaciones recordar las preferencias del usuario, el progreso en tareas o procesos y cualquier otra información que enriquezca la interacción con la aplicación. Esto no solo mejora la satisfacción del usuario, sino que también puede aumentar la eficiencia y la productividad en aplicaciones empresariales o de comercio electrónico.

La gestión de sesiones en aplicaciones backend es un componente esencial que impacta la seguridad, el rendimiento y la experiencia del usuario. Adoptar las estrategias adecuadas, utilizar las herramientas y tecnologías apropiadas y seguir las mejores prácticas de seguridad y optimización son factores clave para el éxito en la implementación de sistemas de gestión de sesiones. A medida que las aplicaciones continúan evolucionando hacia arquitecturas más distribuidas y sin estado, la capacidad de gestionar eficazmente las sesiones seguirá siendo una habilidad crucial para los desarrolladores backend.

Creación de APIs privadas y públicas

Las APIs (Interfaces de Programación de Aplicaciones) se han convertido en el corazón de las aplicaciones modernas, permitiendo la comunicación entre diferentes sistemas y facilitando la integración de servicios. Al diseñar una API, una de las primeras decisiones que deben tomarse es si será pública, privada o una combinación de ambas. Esta decisión afecta no solo la arquitectura técnica de la API, sino también aspectos relacionados con la seguridad, el rendimiento y la experiencia del usuario.

Una API pública está diseñada para ser accesible por cualquier desarrollador externo que cumpla con las condiciones de uso establecidas. Estas APIs suelen utilizarse para permitir la integración de terceros con una plataforma, como ocurre con las APIs de servicios populares como Google Maps, Twitter o PayPal. Las APIs públicas amplían el alcance de una aplicación o servicio, permitiendo que otros desarrolladores construyan sobre sus funcionalidades, lo que puede fomentar el crecimiento y la innovación en el ecosistema de la plataforma. Sin embargo, abrir una API al público también introduce desafíos importantes en términos de seguridad, control de acceso y gestión del tráfico.

Por otro lado, una API privada está destinada a ser utilizada internamente dentro de una organización o por socios específicos. Estas APIs permiten la comunicación entre diferentes servicios dentro de la misma infraestructura, facilitando la modularización y la reutilización de componentes. Las APIs privadas también se utilizan para integrar sistemas internos con herramientas externas de manera controlada. Al limitar el acceso a usuarios y aplicaciones autorizadas, las APIs privadas ofrecen un mayor control sobre la seguridad y el rendimiento, permitiendo una gestión más estricta de los datos y recursos.

El diseño y la implementación de APIs públicas y privadas comparten muchos principios, pero también presentan diferencias clave que deben tenerse en cuenta. En ambos casos, es fundamental seguir buenas prácticas de diseño de APIs, como la adherencia a estándares como REST o GraphQL, la definición clara de los recursos y endpoints, y el uso de respuestas consistentes y bien estructuradas. Sin embargo, la gestión del acceso, la autenticación y la autorización varían significativamente entre APIs públicas y privadas, lo que requiere enfoques y herramientas adaptadas a cada caso.

La seguridad es uno de los aspectos más críticos en la creación de APIs, especialmente en el caso de las APIs públicas. Proteger la API contra accesos no autorizados, ataques de denegación de servicio (DDoS) y otros vectores de ataque es esencial para mantener la integridad y disponibilidad del servicio. Implementar mecanismos de autenticación robustos, como OAuth2 o API keys, es una práctica común para controlar quién puede acceder a la API y qué operaciones pueden realizar. Además, el uso de HTTPS para cifrar las comunicaciones, la validación de entradas para prevenir inyecciones de código y la limitación de la tasa de solicitudes (rate limiting) son medidas fundamentales para proteger las APIs públicas.

En el caso de las APIs privadas, la seguridad también es esencial, aunque el enfoque puede ser diferente. Dado que estas APIs se utilizan internamente o por socios de confianza, es posible implementar controles de acceso más estrictos a nivel de red, como el uso de VPNs o firewalls para limitar el acceso a direcciones IP específicas. La autenticación y autorización pueden gestionarse mediante certificados digitales o tokens de acceso que aseguren que solo las aplicaciones y usuarios autorizados pueden interactuar con la API. Además, las APIs privadas permiten un mayor control sobre la gestión de versiones y la implementación de cambios, ya que el número de consumidores es limitado y conocido.

La gestión del rendimiento y la escalabilidad es otro aspecto importante en la creación de APIs públicas y privadas. Las APIs públicas deben estar preparadas para manejar grandes volúmenes de tráfico y adaptarse a picos de demanda inesperados. Esto requiere una infraestructura escalable, el uso de cachés para optimizar las respuestas y el monitoreo continuo del rendimiento para identificar y resolver cuellos de botella. Las APIs privadas, aunque suelen tener un tráfico más predecible, también deben ser eficientes y capaces de escalar según las necesidades internas de la organización. La implementación de balanceadores de carga, la optimización de consultas a bases de datos y el uso de arquitecturas basadas en microservicios son estrategias comunes para mejorar el rendimiento de las APIs.

La documentación es un componente clave en el desarrollo de APIs, tanto públicas como privadas. Una API bien documentada facilita su adopción por parte de los desarrolladores y reduce el tiempo necesario para integrarla en aplicaciones existentes. La documentación debe incluir descripciones claras de los endpoints disponibles, los parámetros de entrada, los formatos de respuesta y los posibles códigos de error. Herramientas como Swagger (OpenAPI) permiten generar documentación interactiva que facilita la exploración y prueba de la API. En el caso de las APIs públicas, una buena documentación también puede incluir ejemplos de uso, guías para desarrolladores y políticas de uso que definan las limitaciones y responsabilidades de los usuarios.

La gestión del ciclo de vida de las APIs es esencial para mantener su relevancia y funcionalidad a lo largo del tiempo. Esto incluye la planificación y ejecución de actualizaciones, la introducción de nuevas versiones y la desactivación de versiones obsoletas. En las APIs públicas, es importante comunicar claramente a los desarrolladores cualquier cambio que pueda afectar la compatibilidad o el funcionamiento de sus aplicaciones. Esto puede lograrse mediante el uso de versionado en los endpoints, como incluir la versión en la URL (por ejemplo, /api/v1/) o en los encabezados de la solicitud. En las APIs privadas, la gestión del ciclo de vida puede ser más flexible, permitiendo adaptaciones más rápidas a las necesidades internas de la organización.

La analítica y el monitoreo son componentes cruciales para entender cómo se utilizan las APIs y cómo mejorar su rendimiento y funcionalidad. Implementar herramientas de monitoreo permite rastrear métricas clave como el número de solicitudes, los tiempos de respuesta, los patrones de uso y los errores generados. Esta información es valiosa para identificar áreas de mejora, optimizar el rendimiento y tomar decisiones informadas sobre el desarrollo futuro de la API. En el caso de las APIs públicas, el análisis del uso también puede ayudar a detectar abusos o comportamientos anómalos que requieran intervención.

La creación de APIs públicas y privadas requiere un enfoque equilibrado que considere tanto los aspectos técnicos como las necesidades de los usuarios y las políticas de seguridad. Adoptar buenas prácticas de diseño, implementar mecanismos de seguridad robustos y mantener una documentación clara y actualizada son pasos esenciales para el éxito de cualquier API. Además, la capacidad de monitorear y gestionar el ciclo de vida de la API asegura que el servicio pueda adaptarse y evolucionar para satisfacer las demandas cambiantes del entorno tecnológico y de los usuarios.

El desarrollo de APIs efectivas no solo mejora la interoperabilidad entre sistemas, sino que también abre nuevas oportunidades para la innovación y el crecimiento. Las APIs públicas permiten a las organizaciones ampliar su alcance y crear ecosistemas de desarrolladores que enriquecen sus plataformas con nuevas aplicaciones y servicios. Las APIs privadas, por su parte, facilitan la integración y automatización de procesos internos, mejorando la eficiencia operativa y la capacidad de adaptación a nuevas tecnologías. En ambos casos, la creación de APIs bien diseñadas y gestionadas es una inversión estratégica que aporta valor a largo plazo para cualquier organización.

Uso de proxies inversos y balanceadores de carga

El uso de proxies inversos y balanceadores de carga es fundamental para el desarrollo y mantenimiento de aplicaciones backend escalables, seguras y de alto rendimiento. A medida que las aplicaciones crecen en complejidad y la cantidad de usuarios aumenta, la necesidad de distribuir eficientemente las solicitudes y gestionar la infraestructura de manera efectiva se convierte en un aspecto crítico del diseño arquitectónico. Estos componentes no solo mejoran la distribución del tráfico, sino que también añaden capas adicionales de seguridad, flexibilidad y resiliencia al sistema.

Un proxy inverso es un servidor que se sitúa entre los clientes y los servidores backend, actuando como intermediario que recibe las solicitudes de los usuarios y las redirige al servidor adecuado. A diferencia de un proxy directo, que permite a los clientes acceder a internet a través de un servidor intermediario, el proxy inverso gestiona el tráfico entrante hacia los servidores internos. Esta arquitectura ofrece múltiples beneficios, incluyendo la ocultación de la infraestructura interna, la mejora de la seguridad, la optimización del rendimiento y la capacidad de implementar funciones avanzadas como el balanceo de carga y la caché.

El balanceo de carga es una técnica que distribuye las solicitudes entrantes entre múltiples servidores para garantizar que ninguno de ellos se sobrecargue y que los recursos se utilicen de manera eficiente. Los balanceadores de carga pueden operar a nivel de red, distribuyendo paquetes de datos, o a nivel de aplicación, dirigiendo solicitudes HTTP o HTTPS. La distribución del tráfico puede basarse en diferentes algoritmos, como el round-robin, que asigna las solicitudes de manera equitativa entre los servidores, o el least connections, que envía las solicitudes al servidor con menos conexiones activas. Estos métodos permiten adaptar la distribución del tráfico a las necesidades específicas de la aplicación y garantizar un rendimiento óptimo.

Uno de los beneficios clave de utilizar proxies inversos y balanceadores de carga es la mejora de la escalabilidad. Al distribuir el tráfico entre múltiples servidores, es posible añadir o eliminar instancias según la demanda, lo que permite que la aplicación maneje picos de tráfico sin degradar el rendimiento. Esta escalabilidad horizontal es esencial para aplicaciones que experimentan variaciones significativas en el volumen de usuarios o que deben soportar un crecimiento rápido. Además, el uso de balanceadores de carga facilita la implementación de arquitecturas basadas en microservicios, donde diferentes componentes de la aplicación pueden escalar de manera independiente.

La seguridad es otro aspecto crítico que se beneficia del uso de proxies inversos y balanceadores de carga. Al actuar como intermediario entre los clientes y los servidores internos, el proxy inverso puede filtrar el tráfico malicioso, proteger contra ataques de denegación de servicio (DDoS) y aplicar políticas de seguridad como la autenticación y la autorización. Además, el uso de HTTPS para cifrar las comunicaciones entre el cliente y el proxy inverso asegura que los datos se transmitan de manera segura, protegiendo la confidencialidad e integridad de la información. Los balanceadores de carga también pueden distribuir el tráfico en función de reglas específicas, como el análisis del contenido de las solicitudes, lo que permite implementar medidas de seguridad más sofisticadas.

La optimización del rendimiento es otra ventaja importante del uso de estos componentes. Los proxies inversos pueden almacenar en caché las respuestas de los servidores backend, reduciendo la carga en estos servidores y mejorando el tiempo de respuesta para los usuarios. La compresión de datos y la optimización de las conexiones también son funciones comunes que ayudan a reducir la latencia y mejorar la eficiencia del sistema. Además, al monitorear el estado de los servidores backend, los balanceadores de carga pueden redirigir el tráfico lejos de los servidores que están experimentando problemas, asegurando una alta disponibilidad y minimizando el tiempo de inactividad.

La implementación de proxies inversos y balanceadores de carga puede realizarse utilizando diversas herramientas y tecnologías, dependiendo de las necesidades de la aplicación y la infraestructura disponible. NGINX y Apache HTTP Server son dos de los servidores web más utilizados para configurar proxies inversos, ofreciendo flexibilidad y un rendimiento robusto. Para el balanceo de carga, herramientas como HAProxy, AWS Elastic Load Balancer y Google Cloud Load Balancing proporcionan soluciones escalables y de alto rendimiento que se integran fácilmente en entornos de nube y arquitecturas distribuidas.

La configuración y el mantenimiento de estos componentes requieren una planificación cuidadosa y un monitoreo continuo. Es importante definir correctamente las reglas de enrutamiento y los algoritmos de balanceo de carga para asegurar una distribución eficiente del tráfico. Además, el monitoreo de métricas como el tiempo de respuesta, la tasa de errores y la utilización de recursos permite identificar y resolver problemas de manera proactiva. Las herramientas de monitoreo y análisis, como Prometheus y Grafana, son útiles para visualizar el rendimiento y la salud del sistema, facilitando la toma de decisiones informadas sobre la optimización y el escalado.

El uso de proxies inversos y balanceadores de carga también facilita la implementación de actualizaciones y cambios en la infraestructura sin interrumpir el servicio. Al redirigir el tráfico lejos de los servidores que están siendo actualizados, es posible aplicar cambios y realizar pruebas sin afectar la experiencia del usuario. Esta capacidad de implementar despliegues continuos y actualizaciones en caliente es fundamental para mantener la agilidad y la eficiencia en entornos de desarrollo rápido.

La redundancia y la tolerancia a fallos son características esenciales que se pueden mejorar mediante el uso de estos componentes. Configurar múltiples instancias de balanceadores de carga y proxies inversos en diferentes ubicaciones geográficas asegura que el sistema pueda continuar operando incluso si uno de los componentes falla. Esta redundancia geográfica también mejora la latencia para los usuarios distribuidos globalmente, ya que las solicitudes pueden ser dirigidas al servidor más cercano.

La integración de proxies inversos y balanceadores de carga en la arquitectura de una aplicación backend no solo mejora la distribución del tráfico y la escalabilidad, sino que también fortalece la seguridad, optimiza el rendimiento y aumenta la resiliencia del sistema. Estos componentes permiten a las aplicaciones manejar de manera eficiente el crecimiento del tráfico, adaptarse a cambios en la demanda y mantener un alto nivel de disponibilidad y rendimiento. Al comprender y aplicar las mejores prácticas en la configuración y el mantenimiento de estos sistemas, los desarrolladores y administradores pueden construir infraestructuras robustas y eficientes que soporten aplicaciones modernas y dinámicas.

Conclusiones y próximos pasos para tu carrera como backend developer

Convertirse en desarrollador backend es una travesía que combina habilidades técnicas, resolución de problemas y una mentalidad orientada al aprendizaje constante. A lo largo de este recorrido, has explorado los principios fundamentales que sustentan el desarrollo backend, desde la arquitectura de servidores y el manejo de bases de datos hasta la implementación de APIs seguras y escalables. Sin embargo, el aprendizaje no se detiene aquí; el mundo del desarrollo de software evoluciona rápidamente y estar al día con las nuevas tecnologías y mejores prácticas es esencial para avanzar en tu carrera.

Uno de los aspectos más importantes que has desarrollado hasta este punto es la comprensión de cómo funcionan las aplicaciones detrás de escena. Mientras que el frontend se encarga de la interacción directa con el usuario, el backend asegura que todos los datos y procesos funcionen de manera fluida y eficiente. Este rol implica diseñar arquitecturas robustas, optimizar el rendimiento de las aplicaciones, garantizar la seguridad de la información y asegurar la integridad de los datos. La capacidad de construir soluciones que no solo funcionen bien, sino que también sean seguras, mantenibles y escalables, es lo que diferencia a un buen desarrollador backend de uno excelente.

Para continuar creciendo en tu carrera, es fundamental adoptar una mentalidad de aprendizaje continuo. Las tecnologías y frameworks que hoy son estándar pueden quedar obsoletos mañana. Por ello, mantenerse actualizado con las últimas tendencias en lenguajes de programación, herramientas y arquitecturas es clave. Participar en comunidades de desarrolladores, asistir a conferencias y leer publicaciones especializadas son excelentes maneras de mantenerse informado. Además, contribuir a proyectos de código abierto no solo mejora tus habilidades técnicas, sino que también te conecta con otros profesionales del sector y te expone a nuevas ideas y enfoques.

El dominio de los conceptos de bases de datos, tanto relacionales como no relacionales, es otra área que puede profundizarse. A medida que las aplicaciones manejan volúmenes de datos cada vez mayores, la capacidad de diseñar esquemas eficientes, optimizar consultas y comprender cómo escalar bases de datos se convierte en una habilidad invaluable. Además, explorar tecnologías emergentes como las bases de datos en la nube, el procesamiento de datos en tiempo real y la analítica avanzada puede abrir nuevas oportunidades en tu carrera.

La seguridad es un aspecto crítico que nunca debe subestimarse en el desarrollo backend. A medida que las amenazas cibernéticas se vuelven más sofisticadas, comprender cómo proteger las aplicaciones contra vulnerabilidades comunes como inyecciones SQL, ataques XSS y CSRF es esencial. Implementar prácticas de desarrollo seguro, realizar auditorías de seguridad y mantenerse informado sobre las últimas amenazas y mitigaciones fortalecerá tu posición como desarrollador backend. Además, obtener certificaciones en seguridad de la información puede ser un paso valioso para especializarse en esta área.

La experiencia práctica es quizás la herramienta más poderosa para el crecimiento profesional. Trabajar en proyectos del mundo real, ya sea en el entorno laboral o en proyectos personales, te permite aplicar los conocimientos adquiridos y enfrentar desafíos que no siempre se presentan en entornos de aprendizaje teóricos. Estos proyectos pueden incluir la creación de APIs para aplicaciones móviles, el desarrollo de microservicios o la implementación de arquitecturas basadas en la nube. Cada nuevo desafío te brinda la oportunidad de aprender y mejorar tus habilidades.

La colaboración con otros equipos, como el de frontend, DevOps y QA, también es esencial para el desarrollo profesional. Comprender cómo se integran las diferentes partes de un sistema y trabajar eficazmente con otros departamentos mejora no solo el resultado final del proyecto, sino también tus habilidades interpersonales y de comunicación. Estas habilidades blandas son a menudo tan importantes como las habilidades técnicas, especialmente a medida que avanzas hacia roles de liderazgo o gestión de proyectos.

Explorar nuevas arquitecturas y paradigmas de desarrollo es otro paso importante. Las arquitecturas de microservicios, serverless y el uso de contenedores con tecnologías como Docker y Kubernetes están transformando la manera en que se construyen y despliegan las aplicaciones. Familiarizarse con estos enfoques no solo mejora tu perfil técnico, sino que también te prepara para trabajar en entornos de desarrollo modernos que requieren flexibilidad, escalabilidad y despliegues rápidos.

El siguiente paso natural para muchos desarrolladores backend es considerar roles avanzados como arquitecto de software, ingeniero de infraestructura o especialista en seguridad. Estos roles requieren una comprensión más profunda de los sistemas y una capacidad para diseñar soluciones a gran escala. La obtención de certificaciones en arquitecturas en la nube, como AWS, Google Cloud o Microsoft Azure, puede ser una excelente manera de avanzar en esta dirección.

El mentoring y la enseñanza también son formas valiosas de consolidar tus conocimientos y contribuir a la comunidad tecnológica. Compartir tu experiencia con desarrolladores junior o escribir sobre tus aprendizajes no solo ayuda a otros a crecer, sino que también refuerza tu propio entendimiento de los conceptos. La enseñanza es una poderosa herramienta de aprendizaje que te obliga a clarificar tus ideas y explorar nuevos enfoques.

Por último, es importante recordar que el desarrollo backend no se trata solo de escribir código. Se trata de resolver problemas, crear soluciones que impacten positivamente en los usuarios y contribuir al éxito de los proyectos en los que trabajas. Mantener una actitud de curiosidad, perseverancia y apertura al cambio es lo que te permitirá no solo adaptarte a las nuevas tecnologías, sino también liderar innovaciones en el campo.

La carrera de un desarrollador backend es un viaje continuo de aprendizaje, desafíos y crecimiento. Cada proyecto, cada error y cada éxito son oportunidades para mejorar y avanzar. Con una base sólida en los principios del desarrollo backend, una actitud proactiva hacia el aprendizaje continuo y una pasión por resolver problemas complejos, estás bien posicionado para tener una carrera exitosa y satisfactoria en el mundo del desarrollo de software.